À Samuel, Laurianne, Amandine, Marielle,
Hannah Mickaela et Micah Isaiah

Une publication du Musée Familial Yabili
2 avenue Basanga - Lubumbashi/Kamalondo R.D.Congo

Version bilingue (Français - English)

ISBN : 979-10-94969-16-8

© **2016 Marcel YABILI**

Mediaspaul R.D.Congo ISBN 979-10-94969-15-1

Version trilingue (Français – Swahili - Lingala) :
Amazon : ISBN 979-10-94969-08-3
Mediaspaul RD Congo ISBN 979-10-94969-09-0
Ebook - Epub (audiolivre inclus:
ISBN : 978-2-37162-430-6 et 978-2-37162-431-3
Audiolivre - CD MP3 ISBN : 979-10-94969-01-4

YaYa Asani
(Marcel Yabili)

VRAIMENT :

Congo, une tribu !

FRANÇAIS – ANGLAIS

Musée Familial Yabili

YaYa Asani
(Marcel Yabili)

REALLY?

Congo, a tribe!

ENGLISH - FRENCH

Musée Familial Yabili

Il faut le lire ou plutôt le dire :
il se passe des choses étranges.

Tous ont été et envoient leurs enfants à l'école, pour apprendre à lire. Mais une fois les diplômes en poche, ils ne lisent plus !

On doit se réconcilier avec le livre, véhicule du savoir et de l'action, gardien de la mémoire collective et source de loisirs et d'émotions.

Il faut une offre de lectures simples et agréables. Et au départ, je voulais condenser un livre[1] qui a été apprécié. Mais j'en ai rédigé un tout autre.

Ceux qui m'ont lu découvriront des histoires insolites et intenses. Ceux qui liront ce court récit auront sans doute envie de découvrir mon livre et, surtout, de se hâter à consommer ceux des autres.

Mon texte est une écriture nouvelle, avec un paragraphe par page et une succession de clichés d'informations et de révélations, de surprises et de controverses, de rêves et de rebondissements.

Bref, un échantillon de délices de la lecture.

YaYa Asani
l'auteur[2]

---

[1] À propos de Congo-Chine: *Le géant d'Afrique, le géant d'Asie : histoire d'un combat méconnu* - Marcel Yabili - L'Harmattan 2012

[2] Pour **YA**bili **YA**lala **Asani**. Cette identité légale (1971 - 1990) signe maintenant les écrits non scientifiques de **Marcel YABILI.**

It should be written or rather said:
strange things are happening.

Everyone sends children to schools, to learn how to read. But since they got diplomas into their pockets, they don't read anymore!

We must reconcile with the books, the vehicle of knowledge and action, the guardian of the collective memory and the source of entertainment and emotions.

We must offer simple and enjoyable readings.

At first, I wanted to condense an appreciated book[1]. But instead, I have written a total new one.

Those who have read that main book will discover here unusual and intense stories. Those who will read this short story will probably desire to catch the main book and, above all, to rush and to consume those of other and talented writers.

Here is a new writing, with one subject per page and a series of snapshots of information and revelations, surprises and controversies, dreams and twists.

In short, here is a sample of reading delights.

Thanks to Marie H. and Allison R. for fixing my English.

YaYa Asani

The author[2]

---

[1] About the Congo-China: *The giant of Africa, the giant of Asia: the story of an unknown battle* - Marcel Yabili - L' Harmattan Paris 2012.

[2] As **YA**bili **YA**lala **Asani.** This legal identity (1971 - 1990) now signs the non-scientific writings of **Marcel YABILI**.

SOMMAIRE

SUMMARY

Le ciel dans la main

Quelle histoire !

Il était né à Lisala. Déjà enfant, la forêt équatoriale le privait de la clarté du jour, alors que le soleil brillait au-dessus des hauts arbres, touffus et enlacés. Il rêvait de monter là-haut ; il raffolera du pilotage et de voyages en avion, et il affrétera le plus beau, le plus rapide : le Concorde[1]. Ses manuels de catéchisme illustraient l'Ascension du Christ et l'Assomption de Marie comme un décollage du sol, pour être placés au-dessus des nuages. Souvent, il levait les yeux, vers le haut, vers le Paradis, la demeure de Dieu. Mais à 27 ans, le premier satellite fendit et parcourut le ciel. À 39 ans, le 21 juillet 1969, l'homme mit le pied sur la Lune et y déposa un disque contenant les messages de bonne volonté de 73 chefs d'État[2]. Dont le sien : lui, l'enfant de Lisala. Et deux mois plus tard, les trois astronautes Armstrong, Aldrin, Collins et leurs épouses accoururent pour trois jours à Kinshasa, en octobre 1969. L'accueil et le séjour furent grandioses[3]. Il les décora et ils lui remirent un morceau de roche lunaire[4]. Un morceau du ciel ! La télévision diffusera sa tête majestueuse, jaillissant des profondeurs du ciel et grossissant au milieu des nuages pour finir par occuper tout l'écran. Il choisit un nouveau nom pour le pays, interdit les prénoms chrétiens et noua avec le Diable de l'époque : la Chine communiste.

Seul Dieu pouvait tenir l'univers dans le creux de sa main. Lui, le natif de la forêt, avait en main un morceau du ciel. Mobutu se prit pour un dieu.

The Heaven into one hand

What a story!

He was born in Lisala. As a child, the equatorial forest deprived him of the daylight, whereas the sun was shining proudly above the tall, thick and intertwined trees. He dreamed of going up there; he loved flying and travelling in planes, and most of all, he used to rent the most beautiful, the fastest, the French Concorde[1]. His catechism books illustrated the Ascension of Christ and the Assumption of Mary, as a takeoff from the ground to place them far above the clouds. Very often he looked up, up to Paradise, up to God's palace. But at only 27 years old, the first satellite clove and flew through the sky. When he was 39, on 21 July 1969, the first man stepped on the Moon and laid there a disc containing messages of goodwill from 73 heads of States[2]. Including his own: the child of Lisala. Only two months later, the three astronauts Armstrong, Aldrin, Collins and their wives came to Kinshasa for three days, in October 1969. The welcoming and their entire stay were magnificent[3]. He decorated them and they gave him a piece of moon rock[4] as a gift. A piece of the sky! Since then, the television broadcasted his majestic head, springing from the depths of the sky and magnifying in the clouds, until filling the entire screen. He chose a new name for the country, banned Christian names and established relationships with the devil of that time: the Communist China.

Only God could hold the universe in the hollow of his hand. Now, he, a child from the forest, was holding a piece of the sky in his hands. Since then, Mobutu took himself for a God.

Le disque, avec les messages de 73 chefs d'État,
avait le diamètre d'une pièce d'½ dollar ! Soit 3 cm !
[E] The messages disc had the diameter of a half a dollar coin !

Congo

    "The government of the Democratic Republic of the Congo follows with constant attention the achievements of human genius in the conquest of space in order to make man its master. The Congolese people, its party, its government, and myself express our ardent wish to see Apollo 11 successfully accomplish the mission which is our own. May these victories which have cost man so much energy and sacrifice contribute to the reinforcement of cooperation among peoples and serve peace for the greatest good of mankind. Best regards."

               J. D. Mobutu
               President

Message de Mobutu, déposé sur la lune :

« Le gouvernement de la République Démocratique du Congo suit avec une attention constante les progrès du génie humain dans la conquête de l'espace en vue que l'homme puisse maîtriser l'univers. Le peuple congolais, son parti, son gouvernement et moi-même désirons ardemment voir Apollo 11 accomplir sa mission qui est aussi la nôtre. Que ces avancées qui ont nécessité tant d'énergie et de sacrifices contribuent au renforcement de la coopération entre les peuples et à la paix pour le plus grand bien de l'humanité.
Sincères salutations.
JD. Mobutu ».

Aldrin sur la lune, deux mois avant de poser les pieds à Kinshasa avec Armstrong, Collins et leurs épouses.
[E] On the Moon, two months before footing Kinshasa soil.

Timbre postal émis pour la visite et la remise de la pierre lunaire.
[E] Visit remembrance special stamp

Le plus grand ![5]

Comme Dieu, créateur de l'homme, Mobutu tenta de remodeler le Congo à sa propre image. Il fut le Président Fondateur, le Grand Timonier, le Maréchal d'un immense territoire qu'il appelait *"grand, beau et riche pays"*. En 1974, tout culmina, et tout lui réussit. Le trophée de championnat d'Afrique de football et la participation des Léopards au Mondial en Allemagne Fédérale. Il n'hésita pas à enrichir les États-Unis avec les impôts que les boxeurs Mohamed Ali et George Foreman avaient été obligés de payer pour avoir partagé une généreuse bourse de 10 millions de dollars pour leur « combat du siècle » à Kinshasa. Mobutu n'oublia pas qu'il avait une demeure divine, dans les étoiles. Il encouragea la firme allemande Otrag à lancer, à partir de la rive droite de la rivière Luvua, des fusées qui auraient été les plus performantes, parce qu'elles décolleraient le plus près de l'Équateur. Quoique quinze ans après le premier missile chinois « Dongfeng 1 ». Il se rendit aussi à New York, la capitale du monde, pour s'adresser à tous les chefs d'État accourus à l'assemblée générale des Nations-Unies. À son retour, et tous les soirs, le générique du grand journal télévisé le montrait martelant des propos prophétiques et divins, chaudement accueillis par les ovations des délégués du monde entier.

Tous debout, pour l'honorer. Mais cette image avait été volée ; la véritable *standing ovation* mondiale avait clôturé l'allocution que le Pape Paul VI avait prononcée quelques années avant lui.

The greatest![5]

Like God, the creator of the humankind, Mobutu tried to remodel the Congo in his own image. He was the Founding President, the Great Helmsman and the Marshal of an immense territory he named "The great, beautiful and rich country". In 1974, everything culminated and everything was successful for him. The trophy of the African football championship and the participation of the Leopards national team in the World Coup in West Germany. He did not hesitate to enrich the United States with the taxes Mohamed Ali and George Foreman had been forced to pay because they shared his generous award of 10 million dollars for their historic boxing event in Kinshasa, named the "Rumble in the Jungle". Mobutu didn't forget he had a divine palace, up there in the stars. He encouraged the German company Otrag to launch, from the right bank of the Luvua River, rockets which would be the most performing, because they would lift off from the nearest point to the Equator. Though fifteen years after the first Chinese missile "Dongfeng 1". He also travelled to New York, the capital city of the world, to speak to all the Heads of State who rushed to the annual General Assembly of the United Nations. On his return, the TV generic of evening international news showed him making prophetic and divine statements which were warmly greeted by the cheers of the delegates from all around the world. Everyone in the hall was standing up in order to honor him. But this image of glory had been stolen: the real world-wide standing ovation had ended the speech that the Pope Paul VI had pronounced a few years before him.

Mobutu surgissant et descendant du ciel au milieu des nuages :
(générique des actualités la Radio Télévision Nationale Zaïroise)
[E] Mobutu magnifying in the clouds as TV generic.

En mars 1969, « Joseph Désiré » Mobutu a le culot de garder son chapeau alors qu' il est accueilli à l'Élysée par Charles de Gaulle.
[E] Mobutu, keeping his hat, welcomed by de Gaulle

Mobutu « Sese Seko » en toque à la tribune de l'ONU en 1973.
[E] Mobutu in the United Nations' hall. Renting the Concorde

Enveloppes philatéliques éditées pour les déplacements de Mobutu à bord du Concorde en 1989.

Entre un frère et un ami...

Joseph Désiré était devenu Sese Seko. Grandi en taille par une toque en fourrure de léopard, il annonça du haut de la tribune de l'ONU, et *à la face du monde*, qu'il rompait les relations diplomatiques avec Israël. « *Entre un ami et un frère, le choix est clair !* » avait-il dit. Il avait été un grand ami d'Israël où il avait effectué son premier saut en parachute. Maintenant, il affirmait que les Arabes, pourtant décriés comme les derniers et les plus récents esclavagistes en Afrique, étaient devenus des « frères » ! Parce qu'ils avaient le pétrole ! Parce que le libyen Khadafi l'avait appelé « grand frère » et lui prêtera quelques centaines de millions de dollars pour l'industrie du cuivre, mais en lui imposant l'islam dans les programmes de la radio et de la télévision nationales et dans le protocole d'État ! Néanmoins, le Congo a noué des relations avec les pays du monde entier, dont la Chine. Mais comment distinguer l'ami du frère ?

« Une fois, Jacob prépara un potage et Esaü revint de la campagne, épuisé. Esaü dit à Jacob : *laisse-moi avaler ce roux. Ce roux-là ; je suis épuisé !* — C'est pourquoi on l'a appelé Edom. — Jacob dit : vends-*moi d' abord ton droit d'aînesse.* Esaü répondit : *voici que je vais mourir, à quoi me servira le droit d'aînesse ?* Jacob reprit : *prête-moi d'abord serment* ; il prêta serment et vendit son droit d'aînesse à Jacob. Alors Jacob lui donna du pain et du potage de lentilles, il mangea et but, se leva et partit. C'est tout le cas qu'Esaü fit du droit d'aînesse[6] ».

Either a brother or a friend…

Joseph Désiré renamed himself Sese Seko. Taller with a leopard fur hat on his head, he announced in the United Nations' hall, and "in front of the world", the breaking of diplomatic relations with Israel. "Between a friend and a brother, the choice is clear!", he said.

He had been a great friend of Israel, where he got his first parachute jump. But now he asserted that the Arabs, although disparaged as the latest slave traffickers in Africa, had become "brothers"! Because they had oil! Because the Libyan Khadafi had called him "my elder brother" and had lent him a few hundred million dollars for the copper industry, although he imposed, in exchange, Islam in the national radio and television programmes, as well as in the State protocol! Nonetheless, Congo established relationships with countries all around the world. Even with China.

But how to distinguish a friend from a brother?

"Once, when Jacob was cooking a stew, Esau returned from the countryside exhausted. Esau said to Jacob, 'Give me a mouthful of that red stuff there; I am exhausted' -- hence the name given to him, Edom. Jacob said, 'First, give me your birthright in exchange.' Esau said, 'Here I am, at death's door; what use is a birthright to me?' Then Jacob said, 'First give me your oath'; he gave him his oath and sold his birthright to Jacob.Then Jacob gave him some bread and lentil stew; he ate, drank, got up and went away. That was all Esau cared about his birthright"[6].

Puisque le Congolais lit la Bible

Ce récit biblique est extraordinaire. Il a été répété depuis des millénaires, jusqu'au cœur de tous les continents. Cette histoire du plat de lentilles est lue et relue par les Congolais. Et cette lecture populaire dément un préjugé que tout le monde avale et recrache. On affirme, telle une vérité de l'Évangile, que « le Congolais ne lit pas ! » Tout le monde a vu et noté la chute de Mobutu, mais personne n'a remarqué qu'il avait emporté les caractères d'écriture mécanographique et d'imprimerie de taille normale ! Les documents officiels ne sont plus dactylographiés ou imprimés (comme ce livre) en corps "12", mais en "14" ! Cette grande taille multiplie le nombre de pages et fait consommer davantage de papier, en cette époque de l'économie écologique. Le corps 14 est aussi la taille des lettres dans les livres pour enfants, en apprentissage de la lecture ! Le "14" s'utilise aussi pour les personnes du troisième âge pour alléger l'inconfort des lunettes de lecture en demi-lunes. Le "14" suggère que le Congolais serait un lecteur infantile ou sénile… C'est ici que l'histoire de la vente du droit d'aînesse est d'actualité quotidienne : c'est un récit que le Congolais lit et savoure directement dans la Bible. Ce livre en papier extrafin est imprimé en tout petits caractères pour en diminuer le volume et le nombre de pages ! Et le Congolais lit la Bible tous les jours et en tous lieux, dans toutes les positions. Et en corps "9" [7]!

Le Congolais peut être un grand lecteur de livres, parce qu'il est passionné d'histoires.

So the Congolese read the Bible

This biblical story is extraordinary. It has been repeated for millenniums, up to the heart of every continent. This story of the lentil stew is also read and reread by the Congolese, everywhere in the country. But this popular story contradicts a prejudice everyone swallows and spits out again. It is said, like a truth from the Gospel, that "the Congolese do not read!" books.

Everyone has seen and noted down the fall of Mobutu, but none noticed that he removed the mechanographical writting and printing characters of normal size! Now official documents are no longer typed or printed (like this book) in size "12", but in size "14"! This large size multiplies the number of pages and consumes more paper, in this era of ecological economy. Size "14" is used for the books for children, who are learning how to read! Size "14" is also used for seniors in order to relieve the discomfort of their half-moon glasses. So size "14" is suggesting that the Congolese might be childish or senile readers.

This is why the biblical story about the selling of the birthright is a day-to-day reality: it is a story the Congolese read and savour directly from the Bible. This book is printed on extra fine paper and in very small types in order to reduce its thickness and the number of pages! And the Congolese read the Bible every day, everywhere, in all the possible positions and circumstances! And they read it in the small size "9"[7]!

So the Congolese could be great readers of books, because they are fond of stories.

Je ne suis plus votre frère

Les récits de voyage de Henry Morton Stanley sont de belles histoires.

Il raconte comment il avait été à la recherche et à la rencontre de Livingstone[8]. Il devait constamment négocier la traversée de royaumes, et obtenir une sorte de visa de transit.

Une fois, il rencontra le roi le plus accueillant qu'il aurait pu imaginer ; le chef lui souhaita la bienvenue avec le cadeau de quelques poules et chèvres pour nourrir son expédition, en précisant : « *Stanley, vous êtes devenu mon frère !* » Le lendemain, le chef généreux envoya à Stanley un messager pour dire : « *maintenant que vous êtes devenu mon frère, Stanley, donnez-moi des tissus, des perles. Ceci et cela.* » Beaucoup de choses. Stanley fit un rapide calcul et il renvoya au chef ses poules et chèvres avec ce message : « *Reprenez vos cadeaux. Je ne suis plus votre frère !* » Car s'il est facile de se prétendre ami ou frère, on ne peut pas tout donner, même à un frère.

Le droit d'aînesse d'Esaü avait été vendu pour deux raisons. Il avait un besoin immédiat à satisfaire, comme la faim de la reconstruction du Congo à laquelle participe la Chine. Il pensait surtout qu'il mourra un jour. Alors, « *à quoi servira le droit d'aînesse ?* » De la même manière, le Congo pense qu'il a « *beaucoup souffert* ». Ce n'est pas la première fois qu'un désespéré qui se noie, et qui ne sait pas nager, s'agrippe à tout ce qu'il peut toucher.

Mais tout ce qui flotte n'est pas planche de salut ! Cela peut être un tronc d'arbre.

Ou bien un crocodile !

I am no longer your brother

Henry Morton Stanley's travel stories are delightful. He tells how he was in search of Livingstone[8]. He had to constantly negotiate the crossing of kingdoms and get some sort of transit visa allowing him to pass from one territory to another.

Once, he met the friendliest king he could ever imagine; the chief welcomed him and offered him some chickens and goats to feed the people of his expedition, and he explained: *"Stanley, you have become my brother!"*. The next day, the generous chief sent Stanley a messenger saying: *"Now that you became my brother, Stanley, give me some fabrics, give me some pearls. Give me this and that… Many things"*. Stanley did a quick calculation and he sent back the chief his chickens and goats, along with the following message : *" Take back your gifts. I am no longer your brother !"*

While it's easy to pretend to be somebody's friend or brother, one could never give unlimited things to a friend, not even to a brother.

Esaü's birthright had been sold for two reasons. He had an immediate need to satisfy, like the hunger for the reconstruction of the Congo of which China could be a part. He also thought, above all, that he was at death's door, and that if so, "what use is the birthright ?". Similarly, the Congo may think that *"it had suffered enough"*.

This is not the first time one desperate who is drowning and cannot swim, grabs everything he can touch.

But whatever floats is not for salvation ! It can be a tree trunk. But maybe, just as well a crocodile !

Deux *Lumumba* camerounais

Pour savoir si quelqu'un est ami ou frère, il faut le connaître. Et avant de connaître les autres pays, et même la Chine, il faut bien connaître le Congo et son histoire. Certains événements et personnages du passé ne sont pas l'exclusivité des Congolais, ou d'une époque. Treize ans avant le Congo, un autre sous-continent avait obtenu une *indépendance immédiate*. Rapidement et dans la précipitation. Aussitôt, l'Inde s'enflamma si violemment que Mahatma Gandhi fut assassiné et les musulmans s'enfuirent pour créer *le pays des purs*, le Pakistan, dont se séparera le Bangladesh. Mais l'Inde s'est relevée ; elle est devenue un pays émergent.

En Afrique, et quatre ans avant les *martyrs de l'indépendance* de janvier 1959 à Kinshasa, des Camerounais avaient réclamé l'indépendance immédiate ; le 25 mai 1955, une répression sanglante par le colonisateur français causa 5.000 morts. Et au moment où la CIA américaine avait préparé d'administrer un poison mortel à Lumumba, le Camerounais Félix-Roland Moumié mourut empoisonné par un agent secret aux ordres de la France. Tout comme Lumumba, un autre camerounais, Ruben Um Nyobé, avait été un éveilleur des consciences, doublé d'extrémiste nationaliste ; Nyobé prit le maquis en 1957 ; il fut pourchassé et assassiné par l'armée française le 13 septembre 1958 dans la forêt de Boumnyebel, son village natal[9].

Comme Lumumba au Congo, Nyobé et Moumié ont été proclamés *héros nationaux* au Cameroun.

Two "*Lumumba*" Cameroonians

In order to find out if someone is either your friend or your brother, you should know him first. And before knowing other countries, as China, you have to know the Congo and its history first.

Certain events and persons from the past are not the exclusivity of the Congolese or the current era. Thirteen years before the Congo, another subcontinent had obtained *an immediate independence.* Quickly and in the hurry. Immediately, India flared so violently that Mahatma Gandhi was assassinated and the Muslims fled the country, creating *the Land of the Pure*, the Pakistan, from which the Bangladesh will separate later. But since then, India has recovered and become an emerging country.

In Africa, four years before the Congolese martyrs of the Independence of January 1959 in Kinshasa, Cameroonians had also claimed immediate independence. On 25th May 1955, a bloody crackdown by the French colonizer had caused 5,000 deaths. Later, at the same time the American CIA had prepared to administer a deadly poison to Lumumba, the Cameroonian Félix-Roland Moumié died poisoned by a secret agent who acted under France's command. Just like Lumumba, Ruben Um Nyobé, another Cameroonian, raised consciousness as an extreme nationalist, but went underground in 1957 ; he was hunted down and murdered by the French army in the forest of Boumnyebel, his natal village in September 1958[9].

Like Lumumba in Congo, Nyobé and Moumié were proclaimed national heroes in Cameroon.

Aruwimi ?

L'histoire du Congo est riche en systèmes politiques exprimés en de nombreuses appellations : État Indépendant du Congo, Congo belge, République du Congo, République Démocratique du Congo, Zaïre… Jusqu'en 1966, Kisangani avait été appelé Stanleyville. C'est le lieu de *la courbe du fleuve*[10], celui d'une révolution de la géographie. Lors de son deuxième voyage, Stanley rencontra et suivit une grande rivière. Le Britannique crut que la Lualaba était le cours supérieur du Nil, coulant vers le Nord, l'Égypte et la Méditerranée. Mais brusquement, la rivière tournait résolument vers la gauche, en direction de l'Ouest pour former le second fleuve du continent. C'est pour cela que le lieu fut nommé Stanleyville.

Un peu plus loin, le 1er février 1877, Stanley livra bataille contre les Basoko. L'endroit s'appellera Basoko et deviendra le chef-lieu d'un district nommé Basoko. Là débouchait de la rive droite un important affluent de 1.500 mètres de large. Stanley posa la question : « *quel est le nom de ce cours d'eau ?* » Mais on lui répondit en répétant sa propre question : « *Arouhouimi ?* » qui veut dire *"quel est le nom de ce cours d'eau ?"* Stanley était un nerveux. Il s'empressa de transcrire la réponse et de noter que la rivière s'appelait « Aruwimi ».

C'est ainsi que la rivière Lohale qui draine les eaux de l'Ituri sur 1.300 km et le district alentour s'appellent désormais *Aruwimi…* c'est-à-dire :

« Quel est le nom de ce cours d'eau ? »

Aruwimi?

The history of Congo is rich with political systems expressed in several names: The Independent State of Congo, The Belgian Congo, The Republic of Congo, The Democratic Republic of Congo, and Zaire. Until 1966, Kisangani was known as Stanleyville. This is the place of *the Bend of the River*[10], the place of a geographical revolution.

During his second trip, Stanley met and followed a large river. The British thought that the Lualaba was the upper Nile, flowing northward, towards Egypt and the Mediterranean. But suddenly, the river turned left, towards the West, to form the second river of the continent. For that reason, the place was named Stanleyville.

A little further, on 1st February 1877, Stanley fought against the Basoko tribesmen. Therefore, the place was named Basoko too, and will become the county town of a district area also named Basoko.

There, an important affluent 1,500 meters wide was coming out of the right shore. Stanley asked around: *"What is the name of this watercourse?"*

He was answered with his own question: *"Arouhouimi ?"* which meant : *"What is the name of this watercourse ?"*

As Stanley had a nervous temper, he hurried to transcribe this answer and noted down that the river was named "Aruwimi".

This is the reason why the river Lohale that drains the waters of the Ituri on 1,300 km and the surroundings are named Aruwimi…

In other words :

"What is the name of this watercourse ?"

Le baobab de Stanley

Auparavant, Stanley s'était rendu célèbre par son premier reportage de deux années jusqu'aux bords du lac Tanganyika où il souleva son chapeau pour saluer « Docteur Livingstone, je présume ! »[11]

La deuxième expédition fut davantage une exploration, financée par deux journaux : l'américain *New York Herald* et le londonien *The Daily Telegraph*. Sa plus grande découverte fut que le fleuve Congo se dirige vers tous les points cardinaux, excepté l'Est. Mais le plus extraordinaire est qu'après avoir coulé vers le Nord, la rivière tourne en direction de l'Ouest à l'endroit où il traverse la ligne de l'Équateur pour passer dans l'hémisphère Nord et, ensuite, il prend un second virage de 90 degrés en direction du Sud, à l'endroit où il retraverse l' Équateur pour passer dans l'autre hémisphère. Ainsi, ses deux grands affluents, l'Oubangui et le Kasaï gonflent et régularisent son débit en collectant et en lui amenant continuellement les eaux d'un nombre infini de rivières nourries par les saisons pluviales alternantes ; septentrionales et méridionales.

Stanley parcourut finalement 11.000 kilomètres en 999 jours. Soit presque trois années. Il arriva à Boma le 9 août 1877, et logea dans le creux d'un baobab. L'arbre gigantesque est caractérisé par sa couronne de branches dégarnies ; selon la légende, il aurait été planté à l'envers avec le feuillage sous terre et les racines à l'air libre !

Le baobab de Stanley existe toujours.
On peut le visiter.

Stanley's baobab

Previously, Stanley became famous because of his report of two years up to the edges of Lake Tanganyika, where he raised his hat and waved:

"Doctor *Livingstone, I assume!*" [11]

His second expedition was more an exploration raid that was financed by two newspapers: the American New York Herald and the London Daily Telegraph.

His greatest discovery was that the Congo River is heading towards all the cardinal points, but to the East. The most extraordinary thing is that, after flowing to the north, the river turns west in the area it crosses the line of the equator and enters the northern hemisphere. Further, the river turns again 90 degrees towards the south, at the place it crosses again the equator to enter the southern hemisphere. There, Congo River's two major affluents, the Ubangi and the Kasai swell and regulate its flow by collecting and continuously carrying the waters of an infinite number of other rivers fed by the alternating rainy seasons, northern and southern.

Stanley finally traveled 11,000 kilometers in 999 days. Almost three years. He reached Boma on 9th August 1877 and was lodged in the hollow of a baobab. The gigantic tree is characterized by its crown of bare branches. According to the legend, it would have been planted upside down with the foliage underground and the roots in the open air.

Stanley's baobab still exists, even today.

It can be visited.

Carte postale envoyée en 1903
montrant des visiteurs au baobab de Stanley à Boma.
[E] Stanley's baobab shot in 1903

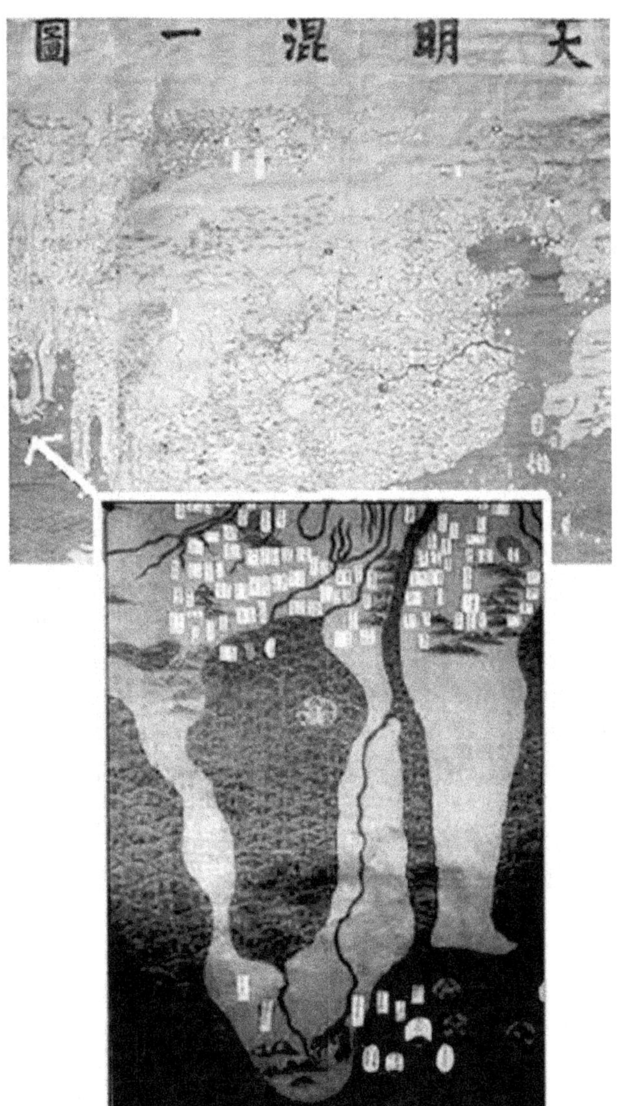

Détail de la carte chinoise du monde Da Ming Hun Yi Tu *(1389).*
Le bas de l'extrémité gauche esquisse une Afrique centrale (Congo)
comme un énorme lac intérieur.
Effectivement, le Congo est gorgé d'eaux et de rivières.
[E] Chinese 1389 map of Africa with an interior lake : the Congo !

Terra ignota

De Boma, Stanley se rendit à Luanda pour prendre un bateau qui le ramena à Zanzibar, son point de départ en 1874. Rentré en Europe, le Britannique proposa le Congo à Londres, avant de passer au service de Bruxelles en 1879.

Jusque-là, le Congo était invisible à partir de toutes les côtes maritimes : de la Méditerranée, de la mer Rouge, de l'Océan indien et de l'Atlantique. Le portugais Bartolomeu Dias avait exploré les pourtours de l'Afrique en 1488 ; mais il n'avait pas aperçu le pays Congo. Tous les navigateurs en soupçonnaient l'existence, et on prit l'habitude de désigner la région centrale du continent comme une « terre inconnue » ou *terra ignota*[12]. Il en fut de même avec le *Da Ming Hun Yi Tu,* une immense peinture chinoise réalisée en 1389 sur un tissu en soie de 17 mètres carrés pour représenter le grand empire Ming[13] ; la carte esquissait l'Afrique, avec en son milieu, un immense Congo esquissé comme une mer intérieure. Dans les siècles qui suivirent, toute la côte africaine fut constellée de ports et de comptoirs à partir desquels opérèrent des navigateurs, des marchands et des pays européens, d'Afrique du Nord et d'Asie. Du Congo, on ne connaissait que l'embouchure aux eaux puissantes et tumultueuses. Le plus extraordinaire dans le voyage transcontinental de Stanley est que, venu de l'Est, il était entré par l'arrière pour sortir par ce qui deviendra la porte d'entrée du futur pays.

Un pays béni et couronné, au cœur du continent.

Terra ignota

From Boma, Stanley went to Luanda to take a boat that took him back to Zanzibar, his departure point in 1874. Back in Europe, the British boasted first the Congo in London, but unsuccessfully. Then he moved to Brussels' service in 1879.

Until then, Congo was invisible from any coasts: the Mediterranean, the Red Sea, the Indian Ocean and the Atlantic. The Portuguese Bartolomeu Diaz had explored all the regions of Africa in 1488, but he did not penetrate the inland now named Congo. All the other navigators knew the existence of a large, but unaccessible inland, they used to name *"The Unknown Land"* or *terra ignota*[12].

This geography was drawn similarly on the Da Ming Hun Yi Tu, a huge Chinese map painted on a silk fabric 17 square meters big, in 1389, to represent the Empire of the Great Ming[3]. The map sketched Africa, with a huge inland sea in its center, at the place occupied by the current Congo.

In the following centuries, the entire African coast was dotted with ports and trading posts for navigators and dealers from Europe, North Africa and Asia. About the Congo, the world only knew the mouth of the river with its powerful and turbulent waters.

The most extraordinary of Stanley's transcontinental travel is that he came from the East and so he entered from the back part, but he went out of what would become the gateway to the future country.

A blessed and crowned country.

In the heart of the continent.

Jamais… une guerre de l'eau !

Effectivement, le Congo est comme une tête couronnée d'une chevelure ruisselant de tresses de myriades de rivières. Les craintes d'épuisement et de partage des eaux, et même de « guerres de l'eau »[14], font découvrir que le Congo est l'unique pays au monde, malgré le voisinage de neuf autres, qui englobe et qui contrôle l'intégralité d' un tel cours d'eau, de sa source à son embouchure. Ses 4.700 kilomètres en font le deuxième d'Afrique. Il est le deuxième au monde par son débit de 41.800 M^3 par seconde. C'est aussi le fleuve le plus profond, jusqu' à 228 mètres à certains endroits… Ses nombreux affluents forment un réseau naturel de 15.000 kilomètres de voies navigables. Autant de routes fluviales qui mènent toutes à Kinshasa. Et pour cela, la localité deviendra la capitale du pays.

Mais il arrive qu'un avantage cache un énorme désavantage. À partir de Kinshasa, des cascades infranchissables empêchent de poursuivre la navigation vers l'embouchure, la mer et le monde entier pour y envoyer des produits et en ramener. Kinshasa est un cul-de-sac, un terminus fluvial. Il faut tout débarquer et tout transférer des embarcations à la voie terrestre. Et vice-versa. Tous ces transbordements sont coûteux. Atteindre Matadi prenait trois semaines par la route des caravanes. C'était désastreux.

C'est pour cette raison que trois années avant la création de l'État, Stanley avait proclamé, en 1882, que « *sans chemin de fer, le Congo ne vaut pas un penny* » !

Never... any war for water!

Indeed, Congo River looks like a crowned head dripping with myriad of rivers. With plenty of waters, there is no fear of exhaustion, water sharing, or any *"war for water"*.

The only fight to be considered should be for the preservation of water quality.

Congo is also unique: it is the only country in the world, despite being surrounded by nine other countries, to host the complete watercourse of a 4,700 km river from its source to its mouth.

This is the second longest river in Africa. This is also the second in the world with a discharge of 41,800 m^3 per second. This is also the deepest river in the world with up to 228 meters depth in some places...

Multiple affluents form a natural network of 15,000 km of waterways. As all the river routes lead to Kinshasa, this city became the capital of the country.

But sometimes a benefit hides a huge disadvantage. From Kinshasa, impassable waterfalls prevent further navigation towards the estuary, the sea and the entire world, making it very hard to export and import goods. Kinshasa is a dead-end, a river terminus. Everything must be unloaded and transferred on land, and vice-versa. All these transshipments are expensive. Reaching Matadi, by the foot path of convoys, took three weeks. It was disastrous.

This is why three years before the creation of the State, in 1882, Stanley proclaimed:

"Without a railway, Congo is not worth a penny!".

Les premiers Chinois

Stanley n'avait pas dit exactement cela. Il avait plutôt exposé un grand problème et sa solution[15]. « *Il est démontré qu'il est possible de relier le bassin supérieur du Congo à la mer... Mais, dans son état actuel, le bassin du Congo ne vaut pas une pièce de monnaie de deux shillings. Pour le rendre profitable, il faut construire un chemin de fer qui relierait les cours inférieur et supérieur du fleuve. C'est l'accessibilité à l'Atlantique qui donnera de la valeur au Congo. Pour y arriver, il faudrait créer une compagnie pour construire la voie ferrée ; il faudrait aussi avoir le contrôle sur les terres à traverser... »*[16].

À l'époque, les États-Unis avaient aussi décollé leur développement économique et industriel grâce à la construction de réseaux ferroviaires d'une côte à l'autre, et reliant plusieurs États.

C'est pour répondre à la vision ferroviaire de Stanley que les premiers Chinois débarquèrent en 1893 à Boma. Ils avaient voyagé par la mer depuis l'Extrême-Orient jusqu'à la côte occidentale de l'Afrique, mais orientale de l'Atlantique où une plage tropicale se dressait en un mur de falaises sablonneuses. Ils furent rassurés par la vue des eaux boueuses, semblables à celles du delta du fleuve des Perles de la péninsule de Macao, leur lieu de provenance. Rassurés aussi que, de part et d'autre de la bouche du fleuve, on parlait le portugais, la seule langue étrangère qu'ils avaient entendue jusque-là[17]. Les premiers Chinois étaient des ouvriers du rail.

The First Chinese

Stanley did not exactly state that. In fact, he exposed a major problem and even a solution to.

He wrote:

We had now to secure what we had gained… The object of our work hitherto had been to demonstrate the praticability of communicating with the Upper Congo from the sea… I declared that the Congo basin was not worth a two-shilling piece in its present state. To reduce it into profitable order, a raildoad must be made between the Lower and the Upper Congo, when with its accessibility will appear its value. I said "To render it even prospectively valuable, you must first have a charter permitted to built that rairoad and govern the land through which it passes…"[16]

At that time, the United States had also began developing economically and industrially; thanks to the construction of railways from one coast to another, connecting several States.

Responding to Stanley's railway vision, the first Chinese landed in 1893 in Boma. They had traveled by sea from the Far East to this West Coast of Africa, also the East of the Atlantic, up to this tropical beach which stands as a wall of sandy cliffs. They were reassured by the sight of the muddy water, similar to the Pearl River Delta in the Macau Peninsula, the place where they came from. They were also reassured by the fact that, on both sides of the mouth of the Congo River, the spoken language was Portuguese, the only foreign language they had ever heard[17].

The first Chinese were workers for the railroad.

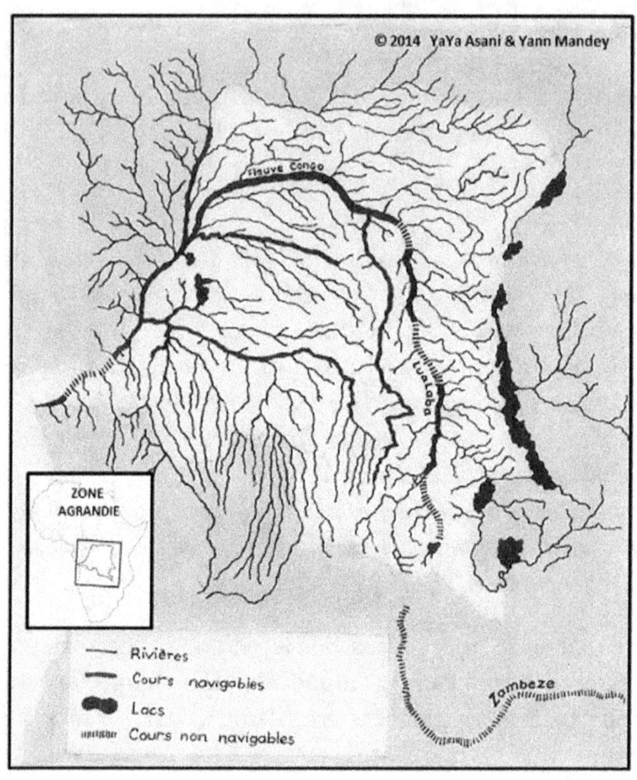

Le Congo est « un pays d'eaux »

*Le bassin fluvial a 3.700.000 kilomètres carrés, striés par des my-
riades de tresses de rivières convergeant à Kinshasa.
Le pays compte 15.000 km de voies navigables,
équivalant à autant de routes.
Et même, ce sont les cours et les étendues d'eau qui ont le plus servi
à dessiner les frontières avec les 9 pays voisins.*

*La source et l'embouchure sont dans le même pays.
Ici, pas de guerre « de l'eau »,
mais plutôt une guerre « pour l'eau » ; une eau non polluée.*

[E] Congo is full of waters

Timbre postal commémorant, en 1948, les 50 ans de l'achèvement du chemin de fer Matadi-Kinshasa, en 1898.

[E] Stamp and monument commemorating the rail constrution.

Devant le monument des pionniers du rail Matadi-Kinshasa :
« ils ont ouvert cette terre à l'Humanité »
(Aperire terram gentibus).

Le chemin de fer "congolais" en Chine

Un quart de siècle plus tard, et 4.000 kilomètres en amont, la logique du rail s'imposa là où le fleuve Congo prend source, dans le Sud-Est du pays, au Katanga minier. La première production de cuivre avait été chargée sur des chars à bœufs ; mais le convoi mit une année pour atteindre la côte angolaise[18]. Sans le rail, même le cuivre n'aurait pas eu de valeur marchande. Aussi, on embrancha Lubumbashi sur le chemin de fer qui remontait du Sud par Kapiri Mposhi, Bulawayo et Capetown sur l' Atlantique. On ouvrit d'autres voies de sortie vers Beira au Mozambique, Dar-es-Salaam en Tanzanie et Lobito en Angola.

Mais il n'existait toujours pas de liaison terrestre ou fluviale Sud-Sud dans l'Est du pays. Il fallait un chemin de fer intérieur ; ses 1.121 km furent réalisés en cinq ans. Et une partie du cuivre du Katanga fut obligé d'emprunter cette « voie nationale », par rail jusqu'à Ilebo où il était transbordé sur des barges fluviales à destination de Kinshasa, pour atteindre Matadi, par rail. Un coût élevé du transport ferroviaire interne du cuivre avait permis de financer le rail pour le transport des personnes et des autres biens. En contrepartie, les convois des minerais avaient priorité !

Chose extraordinaire, le bâtisseur du rail interne congolais revenait de Chine. Et pendant que Jean Jadot y construisait un chemin de fer de 1.200 km entre Beijing et Wuhan[19], des ouvriers Chinois piochaient sur le rail entre Matadi et Kinshasa, puis entre Boma et Tshela, où est né Joseph Kasavubu.

The "Congolese" railroad in China

A quarter of a century later and 4,000 km upstream, the same vision of railroad was essential in the area of the Congo River source, in the southeast of the country, in Katanga, the famous mining area.

The first copper production was loaded on bullock carts; but the convoy took one year to reach the Angolan coast[18]. Without the rail, not even the copper had any market value. So, another railway was to be built to connect Lubumbashi to the railroad that came from the South through Kapiri Mposhi, Bulawayo and Cape Town on the Atlantic. Later, other rail routes were opened towards Beira in Mozambique, Dar es Salaam in Tanzania and Lobito in Angola.

But there wasn't any inland South to South connection between the West and the East of the country, neither by road nor by river. An inland railroad was needed. Its 1,121 km were built in five years. One part of the copper from Katanga had to be carried on that *"national road"*, by rail up to Ilebo where it was transferred onto river barges going to Kinshasa, before reaching Matadi by rail, and finally the sea. This internal rail transport of the copper was volontarily expensive, to help to finance the transport of people and other goods and to develop the country. In return, minerals convoys had priority!

Extraordinarily, the builder of the inner Congolese rail had returned from China. Jean Jadot was building in the Far East on behalf of the Congo a 1,200 km railway between Beijing and Wuhan[19], while Chinese workers were digging on the rail between Matadi and Kinshasa, and later between Boma and Tshela.
The birth place of Joseph Kasavubu.

La tribu *kongolaise*

L'ingénieur des chemins de fer en Chine et au Congo prêta son nom à Jadotville ; la ville fut rebaptisée en Likasi par Mobutu en 1966. Par la suite, Mobutu n'alla pas loin pour changer en 1971 le nom du pays : de Congo en Zaïre. Les Portugais utilisaient déjà les appellations Congo et Zayre pour désigner le même fleuve. C'était l'une ou l'autre appellation. On explique que le mot Zaïre viendrait de Nzadi, qui signifie "rivière". Mais en 2010, l'abbé Paul Nzinga N'ditu a démontré que pour les Solongo et les Woyo, les riverains de l'embouchure du fleuve, le mot Nzadi avait toujours signifié « amant » ou « fiancé »[20]. Ce sont les Portugais qui auraient nommé la rivière Nzadi et, ensuite, européanisé le mot en Zayre[21].

Le professeur Adnan Haddad a ouvert une hypothèse inédite. Zayre/Zaïre serait d'origine arabe. En langue arabe, *Zaïr* signifie, qui *"rugit comme un troupeau de lions"*. Effectivement, et avant Stanley, les navigateurs ne pouvaient pas remonter le fleuve au-delà de son embouchure et nommaient « terra ignota » l'intérieur du bassin inaccessible du Congo. 32 cascades et 267 mètres de dénivellation du fleuve puissant forment une barrière à la fois infranchissable que très bruyante. Ce bruit infernal pouvait ressembler à des *rugissements de lions*. D' où le nom donné à cette voie d'eau qui pousse des rugissements de lions ou Zaïre. Les Portugais auraient emprunté la terminologie *"Zayre"* aux Arabes qui les avaient conquis en 712 ou lors des échanges commerciaux en Océan indien.

The Kongolese tribe

Jadotville comes from the name of the engineer who built both railways in China and in Congo; the city was renamed in Likasi by Mobutu in 1966. Thereafter, Mobutu didn't go too far to change the name of the country, from Congo into Zaire, in 1971.

The Portuguese were already using Congo and Zayre to name the mouth of the same river. It was either one or the other. It is still explained that the word Zaire would come from "*Nzadi*", which would mean "*river*". However in 2010, Abbot Paul Nzinga N'ditu proved that for the Solongo and the Woyo tribesmen, the residents of the place, the word Nzadi meant better "*lover*" or "*fiancé*"[20]. They explain that the Portuguese named the river Nzadi, and therefore, they europeanized the word into Zayre[21].

On his side, professor Adnan Haddad has suggested that Zayre/Zaïre has an Arabic origin. In Arabic, *Zaïr* means something that *roars loudy*. Indeed, before Stanley, the navigators couldn't sail further on the river to penetrate the inland they named "terra ignota", because the Congo Basin was inaccessible.

32 waterfalls and 267 meters high of slopes form an impenetrable and noisy barrier. This infernal noise threatens and sounds like "roars" or *Zair* in Arabic.

That is why the noisy watercourse was named *Zayre*.

The Portugese may have borrowed the word from the Arabs who had conquered them in 712 or later, during trade exchanges into Indian Ocean.

Planté par Diego Cao : 1482 Cap Santa-Maria en face de Banana
[E] Diego Cao reached the River's mouth in 1482 and 1485

Inscrit par Diego Cao : 1485 en amont de Matadi

ZAHIR ظَاهِر rugissant, rugissement

« ZAIR » dans un dictionnaire arabe-français
[E] Zair in an Arabic-French dictionnary

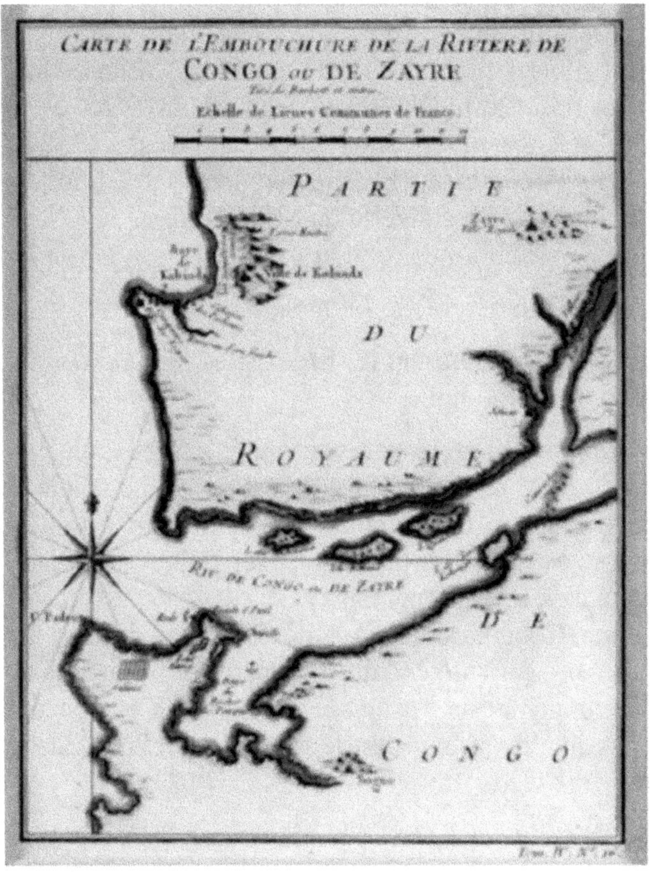

*Une carte de 1748 désigne
l'embouchure de la rivière « de Kongo » ou « de Zayre ».*

[E] 1742 map naming ZAYRE the mouth of the river

Pour marquer sa découverte en 1482, Diego Cao planta à l'embouchure du fleuve au cap Santa-Maria sur la rive angolaise, en face de Banana, une stèle en pierre surmontée d'une croix. Il avait remonté la rivière jusqu' aux chutes de Yelala, en amont de Matadi. Mail il ne put aller plus loin. Il revint en 1485 pour inscrire près des chutes, sur une roche: *"Ici sont arrivés les navires du roi très* éclairé Dom Jean II de Portugal - Diogo Cão Álvaro Pires e Pedro Escobar Pero Anes, Pero da Costa..." Une plaque a commémoré cette deuxième expédition en soulignant la découverte du « Rio Zaïre ».

Par la suite, une carte de 1748 fut intitulée embouchure de la rivière *de Kongo ou de Zayre.*

En 1956, Zaïre a été le titre d'une « revue congolaise », en Belgique.

Néanmoins, une grande vérité unit les deux appellations de Congo et de Zaïre : ce sont l'embouchure et le fleuve qui ont toujours donné le nom à tout le pays : avec les Portugais, avec les Belges, avec Mobutu, avec les Congolais. L'autre vérité est que le terme Congo est le nom de l'ancien royaume de Kongo qui s'étendait de part et d'autre de l'embouchure et en amont du fleuve. Cela est extraordinaire ! Congo est le nom d'une ethnie ; celle des Ba*kongo*.

Voilà ! Les habitants du deuxième pays le plus étendu d'Afrique, issus de 250 tribus s'exprimant en huit familles linguistiques et parlant 212 langues[22], sont appelés des *kongo*-lais. Et ils acceptent cela. Pour partager le destin de fonder une seule tribu moderne : la nation *kongo*-laise.

When he came first, in 1482, Portugese explorer Diego Cao built a stone stele topped by a cross at the Angolan Santa-Maria cape which faces the Congolese city of Banana. He sailed on the river up to the Yelala falls upstream Matadi. But he could not go further.

When he came back in 1485, he graved on a stone, nearby the waterfalls: *"this place was reached by ships of the highly illuminated king Dom Jean II of Portugal – Diogo Cao, Álvaro Pires e Pedro Escobar Pero Anes, Pero da Costa…"* Later, a commemorative plate of this second expedition evoked the discovery of the "Rio Zaïre".

Thereafter, a 1748 map was entitled "the mouth of the river Kongo or Zayre".

In 1956, Zaïre was the title of a Congolese magazine edited in Belgium.

However, a big truth unites the two names of Congo and Zaire: the fact that the mouth and the river have always provided the name of the country : with the Portuguese, the Belgians, Mobutu and all the Congolese. The other truth is that Congo is the name of the ancient Kingdom of Kongo, which covered the area around the mouth of the river and upwards.

This is extraordinary! Congo is the name of an ethnic group: the Ba*kongo* tribe!

So, the inhabitants of the second largest country in Africa, who are coming from 250 tribes which express themselves in eight linguistic families and speak 212 languages[22] are called the *Kongo*-lese.

They all accept that, in order to form one new and modern tribe: the *Kongo*-lese nation.

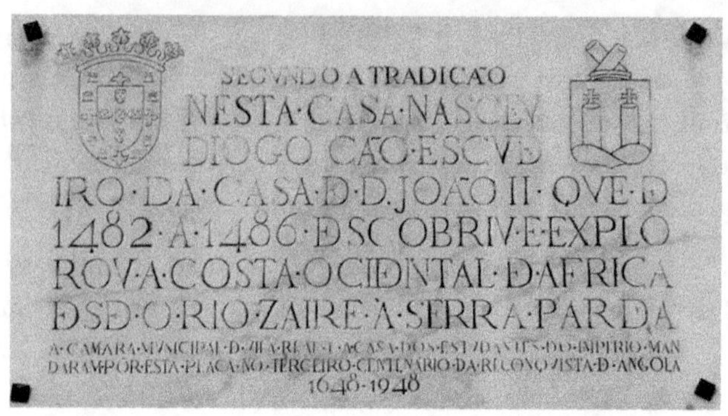

Plaque commémorative de la découverte du « RIO ZAIRE »

[E] Remembrance plate of discovery of the river; a 1956 magazine

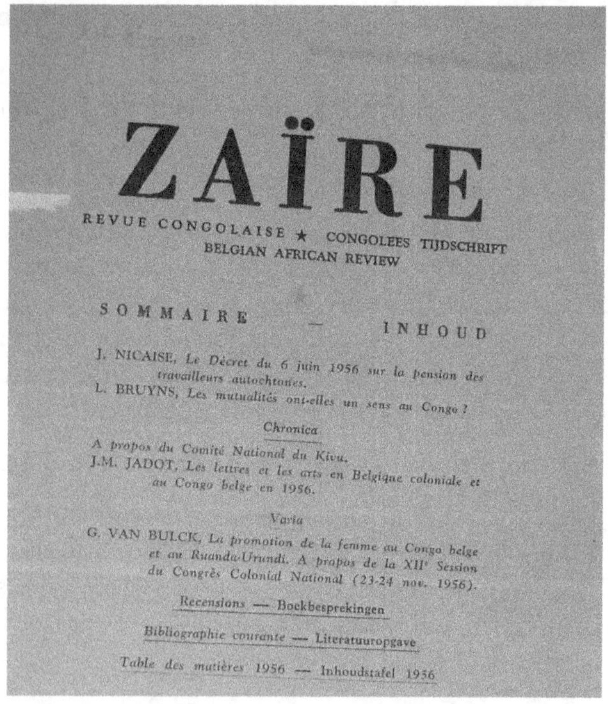

Utilisation du terme ZAIRE, en 1956

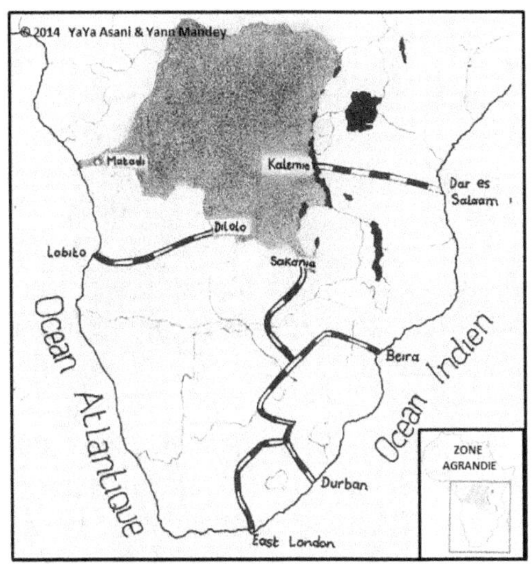

*Le cuivre du Katanga devait trouver des voies ferroviaires,
mais il n'en existait pas dans le pays même…*

[E] External and internal rail roads

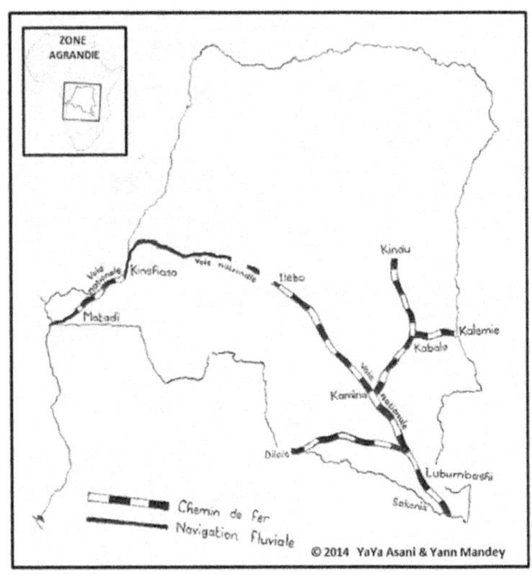

*… la toile du réseau ferroviaire soutiendra le développement du
Sud-Est du pays avec le transport des minerais
par la « voie nationale ».*

Les "*batoka tshini*"

L'embouchure du fleuve est en terres *basses*, et cette région s'appelle le *Bas*-Congo. En langue swahili, les ressortissants du coin sont nommés des « batoka *tshini* » : des gens d'en *bas* !

La région dépendait de Lisbonne. Il a fallu la négocier. Le 25 mai 1891, le Congo obtint la rive nord de l'embouchure et 37 km de façade atlantique, qui donneront 80.460 km^2 de territoire maritime prometteur en pétrole. Mais cela découpa les terres portugaises avec, au sud, le Benguela qui deviendra l'Angola et, au Nord, le protectorat de l'enclave de Cabinda. Les populations de l'embouchure n'eurent ni le droit ni l'occasion de choisir entre leur destin traditionnel et le statut de colonisées, ni entre Bruxelles et Lisbonne. Riche en pétrole, le Cabinda se verra refuser la sécession, même après que l'Angola aura découvert des ressources pétrolières bien plus importantes en haute mer. Et un attentat de séparatistes cabindais endeuillera l'équipe du Togo qui venait participer à la coupe d'Afrique de football de 2010. Le même traité de 1891 octroya au Congo le port de Matadi sur la rive gauche du fleuve.

De là, la frontière terrestre Sud est une ligne droite courant d'Ouest en Est, sur la même latitude géographique jusqu'à la rivière Kwango, avant de suivre le cours supérieur du Kasai. On s'apercevra plus tard que l'Angola a obtenu les puits de diamants kimberlitiques, tandis que les rivières d'origine angolaise charrient la fortune des diamants alluvionnaires au Kasai et au Bandundu.

The "batoka chiini"

The river's estuary is located in *low*lands, in a region officially called the *Low*er Congo. In the Swahili language, the residents of that part of the country are named as the "batoka chiini" which means the people from be*low*!

That region depended on Lisbon; it needed negotiations. On the 25th of May 1891, Congo obtained the shore at the north of the mouth of the river and 37 km of the Atlantic coastline, which later will give it 80,460 km^2 of a maritime territory rich with oil. But the agreement splitted the Portuguese land. On one side at South, then named the Benguela and later the Angola land; on the other side, at North, the Enclave of Cabinda. The inhabitants of that region had neither the right nor the opportunity to choose between their traditional lead and the status of colonized, neither between Brussels and Lisbon. Full of oil, Cabinda will be denied autonomy and independance, even after Angola has discovered more oil resources in the deep sea. Once, an attack launched by Cabinda separatists brought casualties to the Togo team, which came to compete in the African Soccer Coup of 2010.

The same 1891 treaty later granted Congo with the Matadi port on the left shore of the river. From this city, the South border is a straight line that runs from the West to the East, on the same geographical latitude up to the Kwango River, before turning South and following the headwaters of the Kasai River. It will later appear that Angola has kept rights over kimberlite diamonds, while the rivers originated from Angola are carrying the wealth of the alluvial diamonds into Kasai and Bandundu regions.

Aimez-vous la viande ?

Après le Kasai, la frontière court à l'Est en suivant la ligne de partage des eaux du Zambèze et du Lualaba (Congo), passant des Portugais aux Britanniques jusqu'aux étendues marécageuses du Lac Bangouélo. Une partie de cette région venait d'être occupée par des chasseurs-marchands organisés, venus de Tanzanie.

Tous les livres d'histoire parlent du commerce et de l'esclavagisme vers l'océan indien et Zanzibar avec ses sultans asiatiques venus d'Oman. Il y avait également une filière d'esclavagisme vers l'Angola ; la traite ne prit fin qu'en 1906 avec le démantèlement de guerriers qu'on qualifie de résistants à la pénétration coloniale, alors qu'ils défendaient un commerce macabre avec des esclavagistes portugais qui leur fournissaient armes et munitions. Les captifs arrivaient à Saint-Paul-de-Luanda comme d'ordinaires porteurs de caravanes ; on les embarquait pour Sao-Tomé et, de là, pour l'Amérique latine. Des Baluba de Kikondja ont été retrouvés en Guyane néerlandaise (*Suriname*) !

Pourtant, le Portugal avait aboli l'esclavage en 1869. À Luanda, le fonctionnaire portugais pensait bien faire en demandant aux voyageurs : « êtes-vous des hommes libres ? », « acceptez-vous de partir sur ce bateau ? ». Il leur parlait en portugais et il notait qu'ils répondaient tous « OUI », et avec enthousiasme. En fait, l'interprète du trafiquant demandait aux captifs et en langue kiluba : « aimez-vous la viande ? », « voulez-vous en manger ? ». Et eux, ils répondaient « OUI»[23] !

Do you like meat?

After the Kasai River, the border runs towards East following the watershed that divides Zambezi from Lualaba, the local name of the Congo River, passing from Portuguese to British territories and running up to the marshy expanses of the Lake Bangouélo. A part of this area had been occupied by hunter-organized merchants, coming from Tanzania.

All the history books talk about the trade and the slavery that occurred towards the East, along the Indian Ocean and in Zanzibar with Asian sultans from Oman. There was also a slave chain through Angola which only ended in 1906 with the dismantling of warriors who resisted to the colonial force but for defending the macabre trade with Portuguese slavers who supplied them with arms and ammunition.

The captives arrived in St. Paul de Luanda as common caravans; they were shipped to Sao-Tome and from there to Latin America. Later, Baluba people from Kikondja have been found in Dutch Guiana (Suriname)!

However, Portugal had abolished slavery in 1869. In Luanda, the Portuguese officials cared to ask the travelers: "Are you free people?" - "Are you willing to board this boat?". The officers were asking in Portuguese and they noted that all the travelers responded with a loud and enthusiast "YES". In fact, the interpreter of the traffickers asked the captives in Kiluba language: "Do you like meat?" - "Would you like to eat meat?". And them, they responded "YES" [23]!

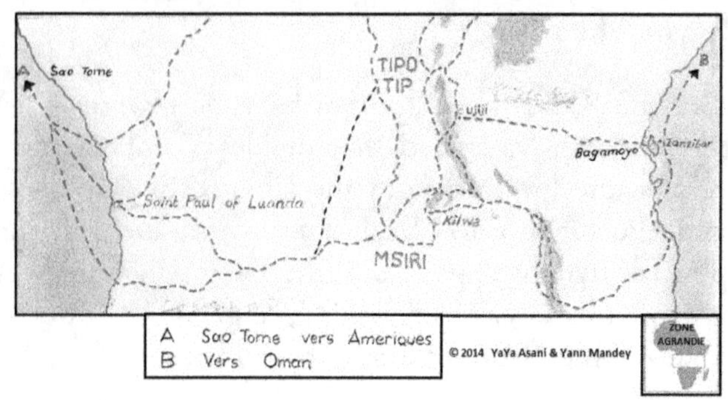

Principales routes commerciales et de trafic des esclaves
vers l'Est (Zanzibar/Oman) et vers l'Ouest (Sao Tome/Amériques)
[E]Main slave trade routes to South America or Southwest Asia

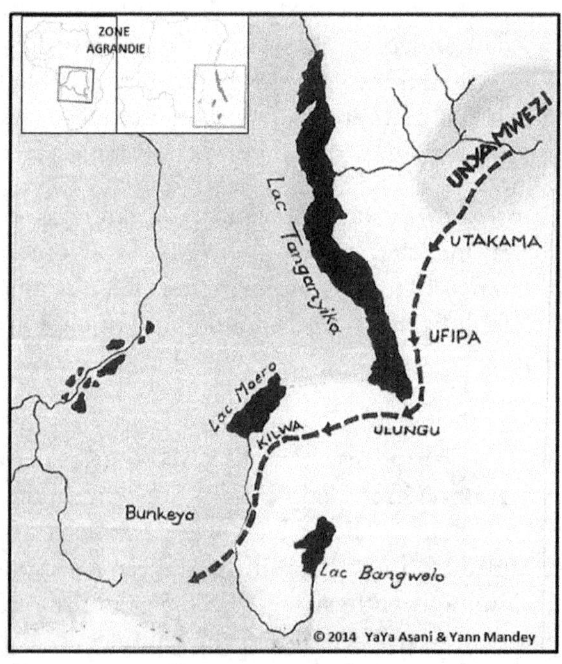

Après un premier séjour en 1856,
Msiri immigre de l'Unyamwezi (Tanzanie) en 1860.
Il s'autoproclame roi en 1870.
[E] Msiri's migration route

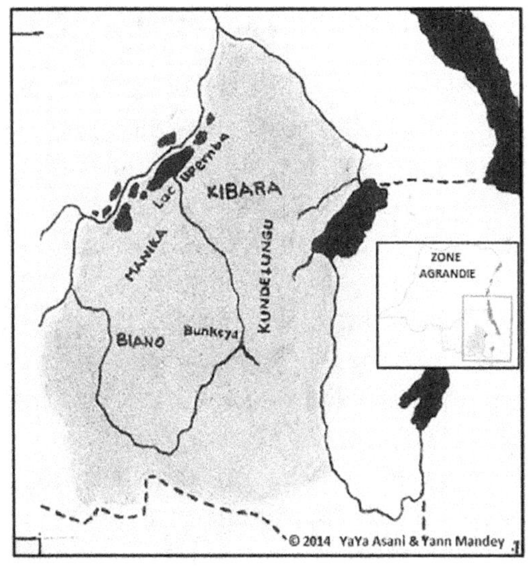

L'étendue du royaume de Msiri qui a duré de 1870 à 1892.
[E] Msiri's 22 years kingdom

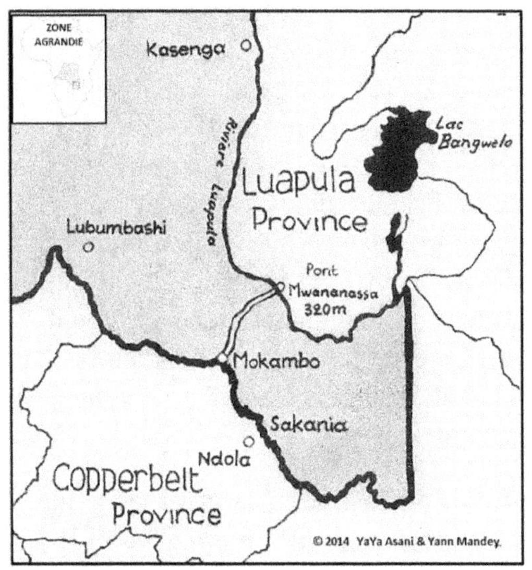

La botte du Katanga tracée en ligne droite, et la route zambienne.
[E]Katanga boot and the Pedicle road

Un Anglais fait tuer un Tanzanien

L'accord frontalier de 1891 avec Lisbonne accéléra la course entre Londres et Bruxelles pour la zone d'influence sur les hauts plateaux du Katanga. Là, un Tanzanien, sans ascendance royale, s'était auto-proclamé roi. Il y régnait depuis 21 ans. Le chef de la mission belge était William Stairs, un sujet britannique ! Qui allait-il servir ? Le Britannique envoya le Belge Omer Bodson qui tua Msiri[24] le 20 décembre 1891. Et la zone tomba sous l'influence belge. Les populations n'avaient pas le choix de leur sort. Déjà asservies par un étranger noir, elles étaient destinées à être soumises à Bruxelles ou à Londres, et à devenir congolaises ou zambiennes. Même les personnes venues de Tanzanie restèrent au pays et sont devenues des Congolais.

Plus tard, il fallut délimiter le territoire et poser les bornes frontalières entre le Congo et la Zambie. Aux abords de Kipushi, l'officier belge Fernand Gendarme[25] manœuvra pour que la localité ne soit pas du côté britannique. On y avait trouvé les vestiges archéologiques d'une importante exploitation artisanale de cuivre qui avait fourni jusqu'à 30.000 tonnes, ce qui signalait un riche gisement. Le soir venu, le Belge invita ses homologues britanniques, les lieutenants-colonels Peake et Clough, à partager quelques whiskies.

Et, profitant de la bonne humeur générale, il leur suggéra que « demain, il sera plus simple de poursuivre la démarcation entre les deux territoires selon le tracé du sentier que les populations locales empruntent déjà ! »

An Englishman orders to kill a Tanzanian

The 1891 border agreement with Lisbon accelerated the race against time between London and Brussels for the zone of influence on the high plateaus of Katanga. There, a Tanzanian, without any royal ancestry, had proclaimed himself the king and reigned for 21 years.

The head of the Belgian mission was William Stairs, a British person! Who could he serve? London or Brussels ? Then the British sent the Belgian Omer Bodson who killed Msiri[24] on December 20th, 1891. And the area fell under Belgian command. The natives did not have the chance to choose their fate. Already enslaved by a black foreigner, they were now forced to be subjected either to Brussels or to London, becoming either Congolese or Zambian. Even those who came from Tanzania remained in the area and became Congolese.

Later, the border demarcation between Congo and Zambia had to be done. On the outskirts of Kipushi, the Belgian officer Fernand Gendarme[25] manoevred to take this portion of territory off the British. Some archaeological remains of a large scale artisanal mining of copper that had provided up to 30,000 tons of metal had been found there. A sign of a huge mineral deposit.

One evening, the Belgian invited his British counterparts, Lieutenants Peake and Clough, to share a few whiskeys. And, taking advantage of the common good mood, Fernand suggested to them that *"tomorrow it will be easier to draw the border line between the two territories, by following the ancient footpath already taken by the local people !"*.

Le roi d'Italie trace la frontière

Toute la nuit, Fernand Gendarme et ses hommes s'activèrent à débroussailler et à tracer à toute vitesse un tout nouveau sentier qui contournait, par l'Ouest, les gisements de cuivre et de zinc de Kipushi ! Le lendemain, le chemin nocturne fut considéré comme le sentier traditionnel, et devint la frontière ! Et Kipushi devint congolaise[26]. Le rapport officiel de la démarcation de la frontière indique que *l'embranchement du chemin de fer de Munama à Kipushi traversait la crête de partage et passait par le territoire rhodésien par intermittence... La bonne foi des techniciens ayant été reconnue et le terrain ne paraissant offrir aucune valeur économique évidente, l'empiétement a été maintenu[27].*

En 1959, les colonisateurs ont envisagé d'échanger des terres zambiennes contre une partie de la botte du Katanga[28]. Finalement, une route de 70 km traverse le Congo et relie les provinces zambiennes du Copperbelt et du Luapula[29]. Cette extrémité Sud du Congo a une autre histoire. En 1894, on fit intervenir, comme arbitre, le Roi Humbert 1ᵉ d'Italie ; celui-ci prit la carte et sa plume, et il découpa la botte katangaise en une ligne droite du nord au sud, au niveau du Lac Bangouélo. Cet arrangement fut facilité par les besoins du Congo du côté de l'extrémité Nord. Ainsi, un même traité délimita à la fois le Nord et le Sud. Ce jour-là, le 12 mai 1894, à Bruxelles, le Congo obtint ses dernières limites territoriales définitives. Elles n'ont plus jamais changé depuis plus d'un siècle.

The King of Italy draws the border

During the whole night, Fernand Gendarme and his men busied themselves building at full speed a new path going West and around the rich copper and zinc deposits in Kipushi. The following day, the path they created overnight was certified as the ancient one, made by local people, and became therefore the international border, such as Kipushi became Congolese[26]. The official report of the demarcation of the border indicates that " *the junction of the railway from Munama to Kipushi sometimes crossed the dividing line and went into the Rhodesian territory … The good faith of the demarcation technicians has been verified and that land did not appear to offer any obvious economic value ; therefore the encroachment was maintained*"[27].

In 1959, the British and Belgian colonizers have once considered the exchange of some Zambian lands with a part of the Katanga Boot[28]. Finally, a route of 70 km passes through Congo and connects the Zambian Copperbelt with Luapula provinces[29]. This southern area, also named *the Congo Pedicle*, has another and fantastic story. In 1894, King Humbert I of Italy intervened as an arbitrator of the border delimitation dispute. The king took the map and, using his pen, he drew the edge of the Katanga Boot as a straight line from North to South, below the Lake Banguelo. This arrangement was facilitated by the needs for the border demarcation at the northern end of the Congo. So, the same treaty delimitated the North and the South. That day, on 12th May 1894 in Brussels, Congo gained its last borderlines and the definite shape of the whole country. These borders have been unchanged for over a century.

L'os d'Ishango

Après la délimitation du Katanga, la frontière orientale du Congo est un alignement vertical de rivières et des lacs Tanganyika, Kivu, Edouard et Albert. À cette extrémité Nord, le pays était enclavé et isolé à la fois de l'Océan indien et de l'Atlantique. Mais de l'autre côté, les Britanniques avaient Rejaf, le premier port de la navigation sur le Nil, en direction de la Méditerranée et du reste du monde. Cette frontière orientale du Congo longe le berceau de l'Humanité. Au Sud-Est : l'homme d'Olduvai du grand Rift africain. À l'Est : Lucy du Hogar éthiopien. À l'ouest : Tumai du Tchad, vieux de 6 à 7 millions d'années. C'est de là, il y a environ 68.000 ans, que les premiers hommes étaient partis peupler tous les autres continents. Ils étaient tous noirs. Les européens ont commencé à prendre la peau blanche il y a à peine 8.000 ans. Nuwa, la déesse chinoise créatrice de l'humanité n'a que 6.200 ans ! Cette voie du Nord place le Congo dans l'Histoire universelle. L'os d'Ishango[30] qui atteste 23.000 ans de pensée arithmétique est congolais. Les fameuses fables de Jean de la Fontaine étaient remontées du Congo par l'Égypte, la Mésopotamie, la Grèce et Rome[31].

Même le grand général romain, qui avait annoncé la conquête de la Gaule avec le message concis *« je suis venu, j'ai vu, j'ai vaincu »*, avait préparé une conquête qui aurait pu bouleverser le cours de l'Histoire[32]. Mais la veille de son départ de Rome pour rejoindre son armée, il fut assassiné. Des troupes avaient été rassemblées à Rejaf, en vue de conquérir le Congo. Elles attendaient Jules César[33].

Ishango's bone

By the effect of the delimitation of Katanga, Congo's Easter border is mainly a vertical alignment of rivers and the lakes Tanganyika, Kivu, Edward and Albert. At the most Northern border, the country was land-locked and isolated from both the Indian and the Atlantic Oceans. But on the opposite side, the British had Rejaf, the first port on the Nile, that sent and received ships from the Mediterranean and the rest of the world.

This Eastern border of Congo follows the cradle of humanity. In the Southeast, the Olduvai man from the great African Rift. In the East, Lucy from the Ethiopian Hogar. In the West from Chad, Tumai, 6 to 7 million years old. From there the first men went to populate every other continent 68,000 years ago. All first humans were black. Europeans got white skin since only 8,000 years ago. Nuwa, the Chinese goddess said to be the creator of the humanity has only 6,200 years old ! This Eastern path to the North places Congo in the universal history. Ishango's bone[30] which dates back 23,000 years of arithmetic thinking is Congolese. The famous fables of Jean de la Fontaine originated from the Congo basin towards Egypt, Mesopotamia, Greece and Rome[31].

Even the great Roman general, who announced the conquest of Gaul with the clear and succinct message of "*I came, I saw, I conquered*", had prepared a military expedition that would have changed the course of History[32]. But the day of his departure from Rome, he was assassinated. His troops had been gathered in Rejaf, on their way to conquer the Congo basin.
They were waiting for Julius Caesar[33].

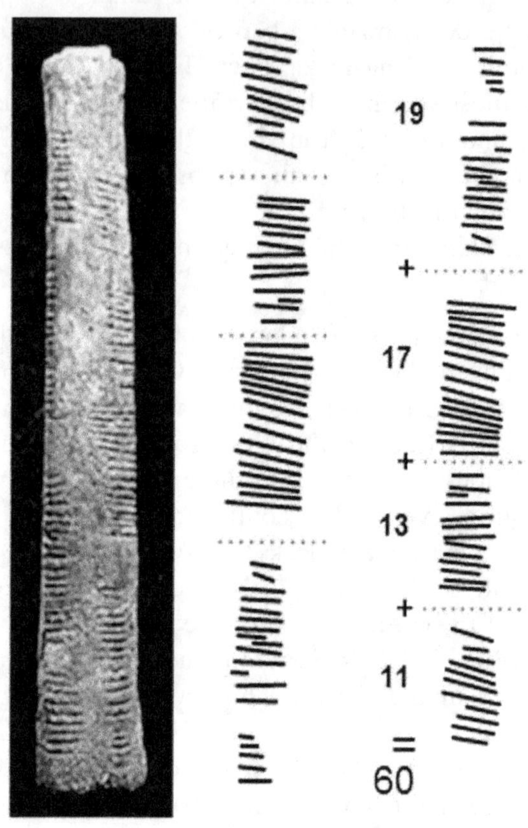

L'os d'Ishango, long de 10 centimètres,
a été découvert en 1950 par l'archéologue belge Jean de Heinzelin.
L'os est recouvert de trois rangées d'incisions
dont les regroupements indiquent une maîtrise de l'arithmétique,
il y a 23.000 ans !
[E] Ishango's bone is 10 cm long

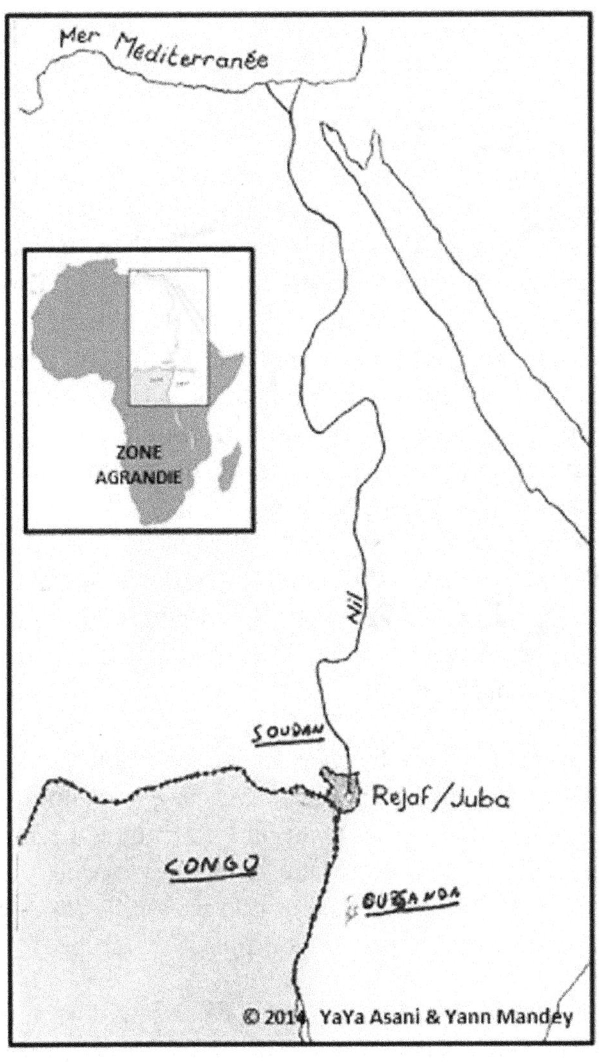

Avec l'enclave de LADO, le Congo avait une sortie au Nord, à partir de Rejaf sur le Nil, jusqu'à la Méditerranée.

[E] Lado Enclave granted the Nile route

Rejaf : si César n'avait pas été poignardé

Dans le traité du 12 mai 1894, Londres avait cédé le port de Rejaf, en même temps que la région alentour, appelée « enclave de Lado », un vaste territoire de 39.000 km^2. Et le Congo put accéder au Haut-Nil et à la Méditerranée. En échange, une bande du territoire congolais fut accordée aux Britanniques pour le passage du chemin de fer qu'ils projetaient pour relier le Sud au Nord du continent, de Capetown au Caire. À la mort de Léopold II, l'enclave de Lado retourna à la Grande-Bretagne. En 1912, une partie fut annexée à l'Ouganda ; l'autre, contenant Rejaf, passa sous protectorat britannique du Soudan Anglo-égyptien ; elle fera partie de la République du Sud-Soudan dont la capitale, Juba, est située, à 18 km au nord de Rejaf. La scission du Soudan en 2011 élèvera le Congo au rang de deuxième pays le plus étendu d'Afrique, après l'Algérie. Le fleuve Congo est aussi le deuxième cours d'eau le plus long du continent !

L'épisode de l'enclave de Lado a été commémoré dans la ville de Lubumbashi avec une « avenue Rejaf ». Si Jules César avait fait sa campagne africaine, aurait-il pu écrire un *"de bello africano"*[34] et, au lieu de Belges, constater que « *de tous les Africains, les Congolais étaient les plus braves*[35] » ?

C'est précisément pour vanter cette bravoure militaire qu'en face de Rejaf, il y a eu à Lubumbashi des avenues Tabora, Saio, Gambela, Kibati, Usoke, Mahenge, Kigali, Nyanza, Shangungu. Etc. Des lieux de victoire militaire du Congo sur le Rwanda.

Rejaf: If Cesar had not been stabbed

In the treaty of May 12th, 1894, London gave up the Enclave of Lado containing the Rejaf port, along with a vast area of 39,000 km^2 wide. With this extension of land, Congo could access the Upper Nile and the Mediterranean Sea. In exchange, a portion of the Congolese territory was given to the British for the passage of the railway they planned to build in order to connect the South to the North of the continent, from Cape Town to Cairo.

After the death of King Leopold II, the Enclave of Lado returned to Great Britain. In 1912, a portion was annexed to Uganda, while the other one, containing Rejaf, was put under the British protectorate named Anglo-Egyptian Sudan. Later, this area became part of the Republic of South Sudan whose capital, Juba, is located 18 km North of Rejaf. The split of Sudan in 2011 raised Congo at the status of the second largest country in Africa, after Algeria. Similarly, Congo River is the second longest watercourse of the continent! The grant of the Enclave of Lado was commemorated in the city of Lubumbashi with an "avenue Rejaf".

If Julius Caesar had ever made his African campaign, would he have written a *"de bello africano"*[34] ? And, instead of the Belgians, would he have stated *"the bravest of all Africans were the Congolese*[35] ?

In the city of Lubumbashi, such military bravery was boasted, nearby the Rejaf Avenue, with Tabora, Saio, Gambela, Kibati, Usoke, Mahenge, Kigali, Nyanza and Shangungu avenues. All names of places where Congo defeated Rwanda.

Entre Fungurume et Bukama, Mimi et Toutou ont été poussés à terre par des hommes et tirés par des bœufs sur les Biano...

... mis à flots à Bukama sur le Lualaba jusque Kabalo...

... et transportés par train jusqu' à un quai de fortune à Kalemie pour être mis dans les eaux du lac Tanganyika

[E] Mimi and Toutou through mountain and platteau, floating on the Congo River, and reaching the Lake Tanganika

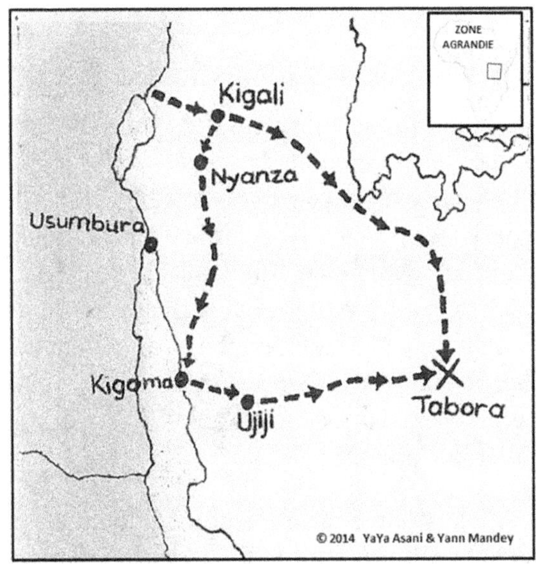

*Après avoir pris Kigali en 1916, les troupes congolaises
ont volé de conquête en conquête jusqu'à Tabora.*

[E] Military campaign of heroes welcomed back home

*1919 : retour triomphal à Lubumbashi des troupes congolaises
ayant combattu au Rwanda, Burundi, Uganda et Tanzanie :
« HONNEUR AUX BRAVES »*

Mimi et Toutou

Le Rwanda a eu un seul colonisateur : l'Allemagne.

Lorsqu'éclata la Première Guerre mondiale en 1914 en Europe, les Allemands basés à Kigali attaquèrent le Congo, en coupant la ligne télégraphique du lac Tanganyika et en bombardant Kalemie ; ils s'emparèrent de l'île d'Idjwi sur le lac Kivu qui était contrôlé au moyen de fortifications à Gisenyi et à Cyangungu. On soupçonnait les Allemands de chercher à créer une *"Mittel-Afrika"*, une vaste colonie qui relierait l'Océan indien à l'Atlantique, en absorbant le Congo.

Alors que la France et la Belgique étaient à genoux dans des tranchées, les forces congolaises et alliées s'organisèrent pour riposter en direction de la Namibie et du Cameroun.

Le front le plus important fut celui de l'Est africain. Deux bateaux motorisés de 12 mètres de long, le *Mimi* et le *Toutou* furent transportés sur 16.000 km de la Grande-Bretagne au lac Tanganyika, par mer, rail, terre et rivière. Le convoi débarqua à Capetown le 12 juin 1915 et fut transporté par rail jusqu'à Lubumbashi, où il arriva le 26 juillet. À Fungurume, les bateaux furent mis à terre et poussés sur 235 km à travers la brousse et le plateau des Biano jusqu'à Bukama. Là, *Mimi* et *Toutou* furent mis à flot pour naviguer sur le Lualaba et atteindre Kabalo le 22 octobre 1915. Ensuite, la flottille relia par rail Kalemie d'où elle participa à « la Grande Guerre du lac Tanganyika » avec d'autres bateaux, et même, des hydravions[36].

Mimi and Toutou

Rwanda had one colonizer: Germany.

Only few weeks after the outbreak of The First World War in 1914 in Europe, the Germans based in Kigali attacked the Congo, cutting the telegraph line on the Lake Tanganyika and bombing the city of Kalemie. They also seized the Idjwi Island on the Lake Kivu which they overlooked from their fortifications in Gisenyi and Cyangungu. The Germans were suspected of willing to create a *"Mittel-Afrika"*, a new vast colony that would link the Indian Ocean to the Atlantic by absorbing the Congolese subcontinent.

While France and Belgium were kneeling in trenches, the Congolese forces and their allies organized themselves to fight the Germans back towards Namibia and Cameroon.

But the most important front line was the one in the East. *Mimi* and *Toutou*, two motorized boats of 12 meters long, were transported on 16,000 km from Great Britain to the Lake Tanganyika, by sea, rail, land and river. The convoy arrived in Cape Town on June 12th, 1915 and was transported by rail to Lubumbashi, where it arrived on July 26th. At Fungurume, the boats were put ashore and pushed over 235 km through the bush and the Biano plateau, up to Bukama. There, *Mimi* and *Toutou* were put into waters and they navigated on the Lualaba River and reached Kabalo on October 22nd, 1915. Afterwards, the flotilla traveled by rail to Kalemie, from where *Mimi* and *Toutou* participated in the famous "Great War of the Lake Tanganyika", with other boats. And even, with seaplanes[36].

Victoire congolaise sur le Rwanda

Après 1915, l'armée congolaise passa de 5.000 à 15.000 soldats, encadrés par un millier d'officiers et sous-officiers, et assistés par 260.000 porteurs. Le front de l'Est fut commandé par le vice-gouverneur général basé au Katanga, qui passa de colonel à général, et fut anobli baron Charles Tombeur de Tabora.

Jean-Marie Mutamba raconte : *L'offensive générale fut déclenchée le 18 avril 1916 par la brigade sud, suivie une semaine plus tard par la brigade nord. Les Allemands abandonnèrent l'île d'Idjwi avec leurs munitions et leur matériel, et se replièrent vers le sud-est. Kigali, le chef-lieu du Rwanda, et Nyanza, la résidence du Mwami Muzinga, roi du Rwanda, furent occupés en mai 1916. Par la suite, la brigade sud s'est emparée d'Usumbura et de Kitega, le chef-lieu de l'Urundi, en juin, de Kigoma et d'Ujiji en juillet. Usoke fut occupé après une semaine de combats début septembre 1916 ; puis ce fut le tour de Lulanguru*[37]. En 1917, les Allemands furent repoussés vers le nord en Ouganda jusqu'au lac Victoria et, vers l'Est, en Tanzanie, où ils furent défaits à Tabora et à Mahenge.

Les Rwandais se battaient avec les Allemands ; ils avaient la nationalité allemande ; les Congolais étaient belges. Et la défaite allemande fut celle du Rwanda. La Première Guerre mondiale prit fin le 11 novembre 1918. Selon l'article 119 du Traité de Versailles du 28 juin 1919, l'Allemagne renonça à toutes ses possessions coloniales, dont le Rwanda et le Burundi, ainsi que l'Ouganda et la Tanzanie.

The Congolese victory over Rwanda

After 1915, the Congolese army was enlarged from 5,000 to 15,000 soldiers, commanded by a thousand officers and assisted by 260,000 porters. The Eastern Front was commanded by the General Vice Governor based in Katanga, who was promoted from colonel to general and finally ennobled Baron Charles Tombeur of Tabora.

Jean-Marie Mutamba tells: *"The general offensive started on April 18th, 1916 with the southern brigade, followed a week later by the northern brigade. The Germans abandoned the Idjwi island with their ammunition and material, and they retreated towards the Southeast. Kigali, the capital of Rwanda, and Nyanza, the residence of Mwami Muzinga, the King of Rwanda were occupied in May 1916. Thereafter, the southern brigade captured Usumbra and Kitega, the capital of Urundi, in June, and after that, Kigoma and Ujiji in July. Usoke was occupied after one week of fighting, in September 1916. So was Lulanguru [37]"*.

In 1917, the Germans were forced to retreat towards Uganda and up to the Lake Victoria. In the East, in Tanzania, they were defeated in Tabora and in Mahenge.

The Rwandans battled with the Germans; they had the German nationality; the Congolese were Belgians. So the German defeat belonged to Rwanda too. The First World War ended on November 11th, 1918. According to the article 119 from the Versailles Treaty of June 29th, 1919, Germany renounced to all its colonial possessions, including Rwanda and Burundi, as well as Uganda and Tanzania.

Le seul État *non colonisé* en 1885

Parler de 1914, c'est parler du déclenchement de la Première Guerre mondiale. Cette année-là, le Nord et le Sud du Nigéria avaient été réunis en une seule colonie britannique pour former le pays actuel. En 1897, la journaliste Flora Louisa Shaw s'était étonné que le territoire soit appelé *Empire du Niger*, ou *Soudan nigérien* ou *Soudan central* ou *Territoires de la compagnie royale du Niger*. Elle suggéra de faire plus court et de l'appeler Nigéria. À l'indépendance, on garda le nom imaginé par Flora Shaw parce que le Niger, le plus grand fleuve d'Afrique de l'Ouest, draine une vingtaine d' affluents et affecte le quotidien de ses riverains, les Nigérians. En 2014, le pays trois fois moins étendu, mais trois fois plus peuplé que le Congo est devenu la première puissance économique d'Afrique. Et les Nigérians ont commémoré l'année 2014 comme celle du centenaire de la naissance de leur nation. Sans aucun complexe envers les étrangers qui avaient forgé le nom de leur pays et réalisé son unification territoriale.

C'est un peu comme si les Congolais se mettaient à célébrer leur fête nationale le 1ᵉʳ juillet, jour de la proclamation de l'État Indépendant du Congo (EIC) en 1885. Ou encore le 12 mai, jour du traité de 1894 qui avait achevé la délimitation du pays avec 10.730 km de frontières, l'équivalent du quart de la circonférence du globe terrestre ! Avec ce passé, le Congo est le pays indépendant le plus ancien d'Afrique, après l'Éthiopie (800 av JC) et le Libéria (1847). Le seul État qui n'avait pas été colonisé à Berlin, en 1885.

The only one State not colonized in 1885

1914 means mainly the year of the outbreak of the First World War. That year too, the North and the South of Nigeria had been combined into a single British colony that forms this present country. In 1897, journalist Flora Louisa Shaw was astonished that the territory was called either *Niger Empire* or *Niger Sudan* or *Central Sudan* or *Royal Niger Company Territories*. She suggested to shorten the names and simply call it Nigeria. After the independence, the name suggested by Flora Shaw remained because Niger, the largest West African river, is draining twenty tributaries and affects the daily life of its residents: the Nigerians. In 2014, the country, three times less extended but three times more populated than the Congo, became the biggest enconomy in Africa.

The Nigerians commemorated the year 2014 as the centenary of the birth of their nation, with no complex towards the foreigners who had named their country and achieved its territorial unification.

If the Congolese behaved like the Nigerians, maybe they would celebrate July 1st as a national holiday, the day of the proclamation of the Independent State of Congo in 1885. Or May 12th, the day of the 1894 treaty which achieved the delimitation of their big country granted with 10,730 km of border, the equivalent of a quarter of the Earth's circumference ! With such a past, Congo is the oldest independent country of Africa, after Ethiopia (800 B.C.) and Liberia (1847). Congo appears to be the only State which was not colonized at Berlin in 1885.

1960 a restitué l'indépendance

En matière d'ancienneté, la Chine se dit le pays le plus vieux, avec 5.000 années. Pourtant, la révolution de 1911 avait mis fin à 4.117 années de régime impérial ; même le régime communiste qui a remis les compteurs à zéro en 1949 accepte que le pays soit nommé « Empire du Milieu ».

La continuité historique est admise sur un même territoire. Car sans "mémoire historique", une nation serait désorientée[38]. Presque maudite, comme un père qui oublierait les liens de sang et jetterait sur sa fille un regard d'amant envieux. Sans mémoire historique, on court pour courir ; on oublie qu'on est sur un chemin, qu'il y a une direction, une destination, une distance à parcourir, de l'énergie à gérer. On peut aussi tourner en rond, jusqu'à attraper le vertige, ou revenir en arrière sans le savoir ou encore se précipiter et enfoncer les pieds dans une fosse aux serpents.

La conférence de Berlin de 1885 n'avait pas *créé*, mais simplement *reconnu* un territoire qui s'est ensuite proclamé État Indépendant du Congo (EIC). Contrairement aux colonies d'Afrique, le Congo était un véritable État avec des relations internationales, une nationalité et un passeport. En 1908, la cession à Bruxelles a été conclue entre deux États souverains, par un traité international qui a dû être ratifié par le parlement belge. La "mémoire historique" corrige : la Belgique n'a pas colonisé le Congo, mais en a pris l'administration.

Et, en 1960, la Belgique n'a pas octroyé l' indépendance au Congo, mais elle la lui a restituée !

1960 returned the independence

How old is a country? China is said to be the oldest one, being 5,000 years old. Although the 1911 Revolution put an end to 4,117 years of imperial regime, the communists didn't wipe the slate clean in 1949. Instead, they accepted a continuation for the country still named the "Middle Kingdom"!

Historical continuity is admitted on the same territory. Because without any "historical memory", a nation would be completely disoriented[38]. Almost cursed ! Like a father who would forget the blood ties by looking at his own daughter with the eyes of a jealous lover! Without historical memory, everything is a short run. The runner would forget he is on a path leading to some direction and destination, with some distance to cover and energy to manage. The guy may also turn around, until he becomes giddy, or go back without knowing it, or rush forwards until he would put his feet into a snake pit!

The Berlin Conference of 1885 did not create, but simply recognized, a territory which later proclaimed itself to be the Independent State of Congo. Unlike other colonies in Africa, Congo was a real State with international relationships and validities such as nationality and passport.

In 1908, the transfer of the Congo to Brussels was an agreement between two sovereign states. As any international treaty, it was ratified by the Belgian parliament. This "historical memory" rectifies that Belgium didn't colonize the Congo, but instead it handled its administration.

Rwanda : un Congo de 800 millions d'habitants

C'est parce que la mémoire "historique" (ou mémoire "collective") est importante qu'elle est souvent manipulée et falsifiée. Le 10 octobre 1996, dans un meeting populaire, puis le 28 octobre, devant la presse internationale, Kigali avait affirmé, carte à l'appui, que le Rwanda précolonial se serait étendu sur une partie du Nord et du Sud Kivu. Aussitôt et le lendemain, en novembre 1996, des forces rwandaises franchirent la frontière derrière une insurrection politique de Congolais.

À l'époque, le Rwanda était un ami et un frère. Il réclamait une *conférence de Berlin-Bis* pour redessiner les frontières héritées de la colonisation en 1885. Cette prétention était l'aveu que le Rwanda n'est pas un pays viable. Il est enclavé et pauvre. Sa densité, la plus élevée d'Afrique avec 430 habitants au km^2, ferait un Congo, 90 fois plus étendu, peuplé de 800 millions d'habitants ! Dans le même temps, toute la population du Rwanda tiendrait dans la seule ville de Kinshasa ! D'où la tentation rwandaise de frapper de plus en plus fort aux portes du voisin ! En fait, le lien avec le Rwanda provient de la défaite militaire et du transfert de l'ancienne colonie allemande au protectorat belge. Cela favorisa des migrations vers l'Ouest.

Finalement, en 2006, la nouvelle constitution dira que tous les Rwandais, qui se trouvaient au pays en 1960, étaient des Congolais[39] !

Le Congo a donné davantage de vies citoyennes qu'il n'y a eu de victimes de génocide en 1994, mais dont les survivants ont ensuite causé des millions de morts congolaises[40]!

Rwanda: a Congo with 800 million inhabitants

"Historical memory" or "collective memory" is so important that it is often manipulated and falsified. On 10 October 1996, in a public meeting, and on 28 October, addressing the international press, Kigali asserted with the support of a map that precolonial Rwanda was extended over some parts of the North and the South Kivu. Immediately after, in November 1996, Rwandan forces crossed the border behind Congolese insurgents.

For these people, Rwanda was both a friend and a brother although it was demanding a *Berlin-Bis confer-ence* to redraw the borders inherited from the colonization in 1885. This claim was the proof that Rwanda is not a viable country. It is landlocked and poor. Its density, the highest in Africa with 430 inhabitants per km^2, would make Congo, 90 times larger, populated by 800 million people! At the same time, the entire population of Rwanda could be hosted in the city of Kinshasa alone! That is why Rwanda is knocking increasingly hard at the door of its immense neighbour! In fact, the link with Rwanda came from the German military defeat and the transfer of the former colony to Belgium as a protectorate. The Belgian ruling encouraged Rwandese migration to the West, into Congo. Finally and henceforth, the 2006 new constitution states that all Rwandans who were found in the country in 1960 are Congolese[39]!

Congo has granted more lives as citizens to more related Rwandans than those victims of the genocide. But, by way of gratitude, those who survived in 1994 later caused millions of Congolese deaths[40]!

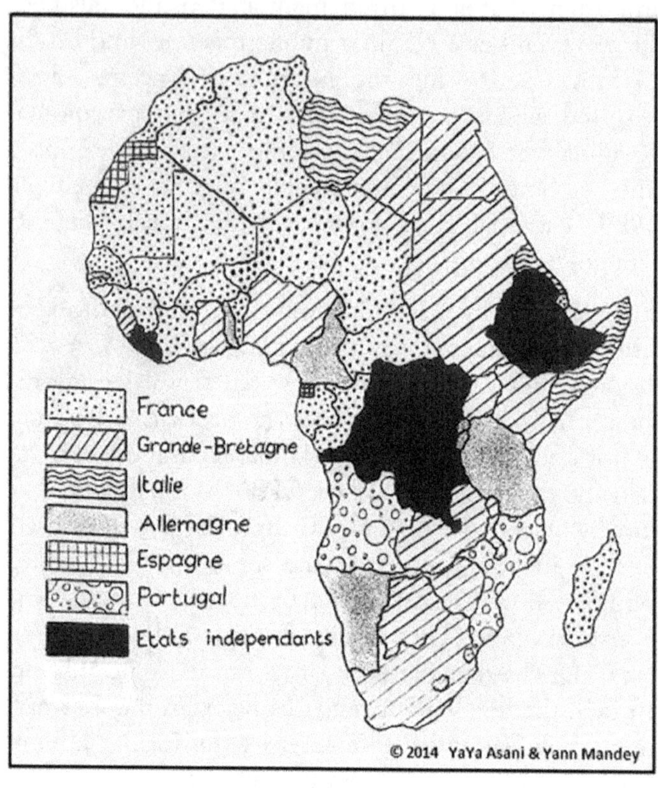

*Carte des colonies de 1885 à 1908,
avec 3 États indépendants : Éthiopie, Libéria et Congo.*

**[E] In 1885 Africa had only 3 independant states :
Ethiopia, Libera and Congo**

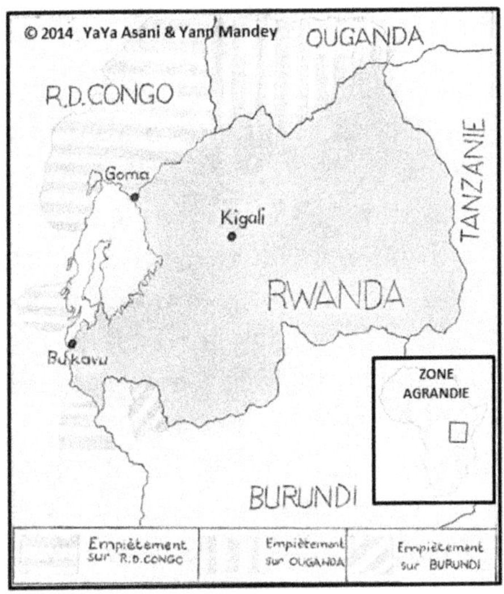

*Carte du « Grand Rwanda » précolonial,
débordant sur le Congo. Présentée la veille de l'invasion de 1996.*

[E]Forged maps of precolonial Rwanda and rwandophone areas

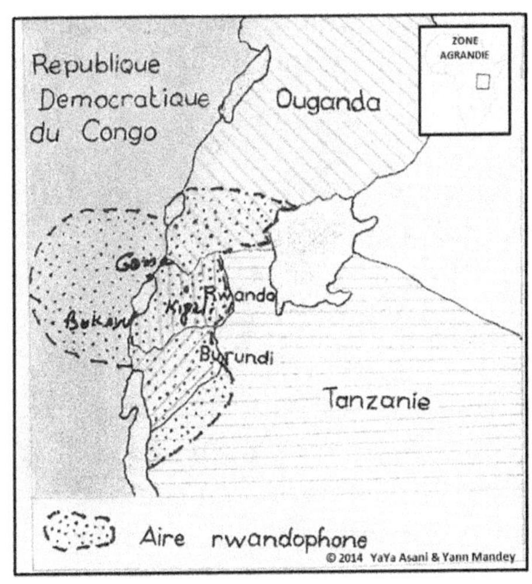

*Aire tachetée, dite « rwandophone »,
et débordant plus largement la frontière congolaise*

La frontière de l'Est *ab absurdo*[41]

Le Rwanda parle maintenant d'une *aire rwandophone* qui déborde la frontière avec le Congo… Avant toute chose, la délimitation entre les deux territoires n'avait pas été fixée par le traité de Berlin de 1885. La frontière avait été tracée, auparavant, en 1884. Du Sud vers le Nord, la frontière montait du lac Tanganyika en suivant la rivière Ruzizi jusqu' au lac Kivu, qu'elle traversait sur 102 kilomètres en laissant à l'Ouest les îles de Iwinaza, Nyamaronga, Idjwi et Kitanga et, à l'Est, les îles Kikaya, Gombo, Kumenie et Wau Wahu. À l'extrémité du lac, la frontière terrestre de 115 kilomètres passait entre Goma et Gisenyi et comptait 21 bornes numérotées jusqu'à la colline de Kabuanga au sud du mont Sabindo. Ces bornes étaient des amas de pierres en forme de pyramides ou de cônes, avec les 21 numéros inscrits sur des plaques en ciment. Le 21 juin 1911, ce sont des commissaires allemands qui approuvèrent la carte du tracé frontalier précis et définitif[42].

En 1996, Kigali a réclamé de revoir le traité de Berlin. Mais où était cette ville en 1885 ? En Allemagne ! Quelle était la puissance coloniale qui occupait, gouvernait et représentait le Rwanda ? L'Allemagne ! À l'époque, l'Allemand Otto von Bismarck était un très puissant chancelier par rapport à Léopold II, un simple roi de la petite et jeune nation belge, à peine indépendante. Il est impensable que l'Allemagne ait cédé au Belge, même par erreur, des terres traditionnellement rwandaises et qui étaient des terres allemandes.

The Eastern border *"ab absurdo"* [41]

Now Rwanda is talking about a "Rwandophone" area that also extends beyond the border with Congo. The truth is that the border between the two territories had not been determined by the Berlin Treaty in 1885.

The border had been drawn before, in 1884! From South to North, the border still originates from the Ruzizi River, which links the Lake Tanganyka to the Lake Kivu, and crosses the waters on 102 kilometers. The border line leaves the Iwinaza, Nyamaronga, Idjwi and Kitanga islands to the West, and the Kikaya, Gombo, Kumenie and Wau Wahu islands to the East.

At the Northern edge of the lake, the land border still runs on 115 km between Goma and Gisenyi up to the Southern hill of Mount Kabuanga Sabindo. There are 21 pyramidal and conical boundary stones, duly numbered 1 to 21 on cement plates.

On 21 June 1911, German commissioners approved the map that indicated the definitive border line [42].

So, in 1996, Kigali called for a review of the Treaty of Berlin! But where was this city located in 1885? In Germany! Who was the colonial power occupying, governing and representing Rwanda? Germany! At that time, the German Otto von Bismarck was a very powerful chancellor whereas Leopold II was a humble king of the small and just born Belgium!

It is unthinkable that Germany would have given to a Belgian, even by mistake, traditionally Rwandan lands, as they were German lands.

Masala, le roi du Congo

La fameuse année 1885, les habitants du Congo étaient aussi appelés des « Congoliens ». Les chefs coutumiers étaient considérés comme des rois, et leurs chefferies étaient des royaumes. De véritables États souverains. Cela permit à Stanley de signer le 28 septembre 1879 un accord avec Vivi Mavungu, Vivi Nku, Nguvu Mpanda, Mbenza Ne-Kongo et Kapita. Les cinq rois de l'embouchure du fleuve Congo. Ces souverains reconnaissaient *qu'il était hautement désirable de créer et développer dans leurs États des établissements propres à favoriser le commerce et à assurer au pays et à ses habitants les avantages qui en découlaient. À cet effet, ils cédaient en pleine propriété leurs territoires...*

En contrepartie, chaque roi reçut une tunique d'uniforme militaire, un bonnet, un collier de corail et un couteau ; plus le droit à un pagne supplémentaire chaque mois. La localité de Vivi deviendra la première capitale du territoire, avant Boma (1886) et Kinshasa (1929). C'est là que l'administrateur général, le Britannique Sir Francis de Winton proclama l'État Indépendant du Congo, le mercredi 1e juillet 1885.

Chose extraordinaire, ce jour-là, le « roi de Vivi » se trouvait en Belgique où il avait été invité avec le titre pompeux de « roi du Congo ».

Il s'agissait de Masala[43], un simple habitant que les cinq véritables rois avaient désigné comme intermédiaire lorsqu'ils avaient traité avec Stanley.

Masala, the King of the Congo

In the famous year 1885, the Congo's inhabitants were also called "Congolians". Local chiefs were considered as true kings and their chiefdoms enjoyed the legal status of sovereign states or kingdoms.

This allowed Stanley to sign an agreement with Vivi Mavungu, Vivi Nku, Nguvu Mpanda, Mbenza Ne-Kongo and Kapita on September 28th, 1879. These were the five kings of the Congo River's mouth.

"These rulers recognized that it was highly desirable to give up the sovereignty and all sovereign and governing rights in order to promote the prosperity of all their territories, and to protect the inhabitants from all kind of oppression or foreign intrusion…"

In return, each king received a military uniform, a cap, a coral necklace and a knife; with additionally, the right to a piece of loincloth per month.

The locality of Vivi became the first capital of the territory, before Boma (1886) and Kinshasa (1929). It's there that the general administrator, the British Sir Francis de Winton proclaimed the Independent State of the Congo, on Wednesday, 1st of July 1885.

Then, something extraordinary happened. On the same day, the "king of Vivi" was in Belgium where he had been invited with the pompous title of "The King of the Congo".

His name was Masala[43].

In fact, Masala was a simple inhabitant who was appointed by the five true kings as their intermediate with Stanley.

Des tombes conservées depuis 110 ans

Une semaine plus tard, le mercredi 8 juillet 1885, Masala fut reçu en grande pompe au palais royal belge, à la table de Léopold II. Au menu : du poisson aux haricots arrosé de rhum, et de la poule au riz et au champagne. Pour la circonstance, Masala portait un chapeau gris en feutre mou ; ses compagnons, des vestons rouges. Les femmes, des robes en cachemire blanc, des souliers de cuir, des bas de couleur et des chapeaux de paille aux rubans multicolores. Rentré avec le poids de nombreux cadeaux, Masala fut auréolé par son voyage en Europe ; mais il mourut dix ans plus tard sans laisser de dynastie ; son fils travaillera comme un simple domestique.

Douze ans plus tard, se tint l'Exposition Universelle et Internationale de Bruxelles-Tervueren de 1897. Comme en 1883 à Amsterdam, et, pour la dernière fois, à l'exposition coloniale de Paris de 1937[44], la manifestation hébergeait un *zoo humain* avec 267 Congolais qui mimaient les gestes de leur vie quotidienne[45]. Actuellement, pareils spectacles sont organisés sans complexe pour les touristes.

Mais pour 1897, on parle de racisme et on s'indigne d'avoir traité des Noirs comme des bestiaux[46]. D'autant que sept Congolais avaient trouvé la mort. Mais il apparut qu'on avait noté leurs noms. Trois femmes : Sambo, Mpemba, Ngemba. Et quatre hommes : Ekia, Nzau, Kitukwa et Mibange. De plus, ils avaient été enterrés dignement, adossés à une Église.

Un siècle plus tard, leurs sépultures existent toujours en Belgique.

Graves preserved for 110 years

A week later, on Wednesday 8th July 1885, Masala arrived with great pump at the Belgian Royal Palace, at King Leopold II's table.

On the menu there was fish with beans drizzled with rum, chicken with rice and champagne. For the occasion, Masala wore a grey fedora hat; his companions, red jackets. Women wore white cashmere dresses, leather shoes, colored stockings and straw hats with multicolored ribbons.

Back home with plenty of gifts, Masala was crowned with glory by his trip to Europe; but he died ten years later without leaving any dynasty; his son worked as a servant.

Twelve years later, in 1887, there was the Universal and International Exhibition in Brussels-Tervueren. Similar to the one of 1883 in Amsterdam and to the latest one: the 1931 Colonial Exhibition in Paris[44]. The event hosted a human zoo with 267 Congolese who mimed the gestures of their everyday lives. Nowadays, such traditional shows are performed without any complex for tourists.

But for 1897, it is qualified as racism and indignity for having treated the Blacks as beasts. Especially because seven Congolese had died then. Anyway, it appeared that their names were registered. Three women: Sambo, Mpemba, Ngemba, and four men: Ekia, Nzau, Kitukwa and Mibange. In addition, they were buried with dignity, in the cemetery of a Church.

A century later, their graves still exist in Belgium.

Masala, le « roi du Congo », en voyage en Belgique en 1885.
[E] Masala as the King of Congo, in Belgium, 1885

Les 7 tombes centenaires à église St Jean l'évangéliste de Tervuren.
[E] 110 years gravess in Belgium.
The cemetery turned into vegetable field in Kinshasa

Le cimetière rasé de Ngiri Ngiri est devenu un potager.
On peut apercevoir, au-dessus des branches en haut à droite,
le nouvel hôpital du Cinquantenaire.

Des martyrs sans noms ni tombes

Soixante ans après le zoo humain des *Congoliens* ordinaires, dans la Belgique de 1897, des Congolais sont morts le 4 janvier 1959 à Kinshasa. Ils étaient 47, et ils sont entrés dans l'Histoire : proclamés martyrs de l'Indépendance, et commémorés chaque année par un jour férié, chômé et payé. Mais on ne connaît pas les noms des 47 ; on n'a jamais cherché à les connaître. C'était facile parce que l' Indépendance avait été obtenue 18 mois seulement après les émeutes ; ils avaient encore des membres de famille qui pouvaient les nommer. Les 47 avaient été enterrés au cimetière des Noirs dans la commune de Ngiri Ngiri. Mais on n'a jamais identifié ni cherché à identifier leurs tombes, ni à les fleurir, ni à les sauvegarder. Après 1960, les Noirs « bien » se faisaient enterrer au cimetière des Blancs, dans la commune de Ngombe. Et cinquante ans après l'Indépendance, on estimera que les Congolais avaient aussi droit à un hypermarché ; et pour dégager la place, on rasera le cimetière des Noirs de Ngiri Ngiri et les tombes inconnues des 47 héros. La construction tardant à être réalisée, le lieu est devenu un champ où des maraîchères cultivent des légumes qu'elles arrosent avec de l'eau puisée dans le sous-sol des fosses tombales.

Quels destins divergents entre les "47" de 1959 à Kinshasa et les "7" de 1897 à Tervueren ! La petite Belgique, qui n'a pas de place pour ensevelir tous ses propres fils, en a gardé pour des Noirs humbles, non fortunés et sans autre titre que leur simple humanité ; pendant ce temps, les Congolais manquent de place et de cœur pour leurs héros !

Martyrs without names nor graves

Sixty years after the human zoo performed in 1897 by ordinary "Congolians" in Belgium, other Congolese died in Kinshasa, on January 4th 1959. They were 47, and they made history. They were proclaimed "martyrs of the independence", and they are commemorated every year with a public holiday: not working, but being paid!

But the names of the 47 are still unknown. Nobody has ever cared to do research about them. It was easy to find out because the Independence was granted just 18 months after the riots, and the 47 still had family members who could name them. The 47 were buried in the cemetery for Blacks, in the municipality of Ngiri Ngiri. But none had never identify or tried to identify their graves, nor to flourish or to preserve them.

After 1960, the "new rich" Blacks could be buried in the cemetery for Whites in the municipality of Ngombe. And fifty years after the Independence, it was estimated that "humble" Congolese were also entitled to a shopping center. The Ngiri Ngiri cemetery was cleared as well as the 47 unidentified graves of the heroes. As the construction was delayed, the place became a field where humble people grow vegetables which they irrigate with water from the basement of the razed graves.

What a huge difference betwneen the destinies of the "47" of 1959 in Kinshasa and the "7" of 1897 in Tervuren! The "little" Belgium, which has no place to bury all its own sons, has kept graves for foreign Blacks! Meantime, Congolese seem to lack space for few graves and place into hearts for their own heroes!

Pas "une", mais "deux" mains coupées

Les héros nationaux congolais les plus emblématiques restent les victimes des *mains coupées* pour la collecte du caoutchouc et de l'ivoire. La désapprobation universelle amputa Léopold II du Congo en 1908. Le scandale avait été révélé par Casement et Morel, et fustigé par les écrivains Mark Twain et Arthur Conan Doyle. On avait montré, et on montre encore les photos des amputés Epondo, Yoka, etc.

Mais il n'y a nulle part au Congo une ruelle commémorant Epondo ou Yoka. Cela, comme si on ne croyait pas véritablement aux *mains coupées*. De plus, toutes les preuves universelles de la barbarie reposaient sur des photos d'amputations d'« une seule main ». Mais en 2011, Sammy Baloji[47] a exhumé des archives du Musée de Tervueren la photo d'une personne amputée des « deux mains » en 1899, à Pweto, sur les rives du lac Moëro, où il n'y avait eu ni ivoire ni caoutchouc ! Il est étrange que cette image n'ait été utilisée ni pour le réquisitoire implacable ni pour les tentatives de la défense du crime du « sang sur les lianes ».

Mais même actuellement, des pays musulmans font des mains coupées, selon la loi de la *sharia*. Auparavant, il y a 2.000 ans, Aulus Hirtius a raconté que son ami Jules César avait eu des problèmes de pacification de la Gaule ; après une insurrection particulièrement violente à Uxellodunum, il fit couper les mains des prisonniers et les fit promener à travers la Gaule, pour dissuader les autres Gaulois et préserver la *pax romana*.

Not "one", but "two" hands cut off

The most emblematic Congolese national heroes are the victims of the *"hands cut off"* who suffered for the collection and the trade of rubber and ivory. The universal disapproval of these manners was so high that Leopold II was *amputated* from Congo, in 1908. The scandal was revealed by Casement and Morel; and blasted by famous writers such as Mark Twain and Arthur Conan Doyle. Angriness is still revived on the view of the pictures of amputees Epondo, Yoka, etc.

But there is nowhere any alley in Congo commemorating Epondo or Yoka. Does this negligence mean that nobody seriously believes in the *"hands cut off"*? In addition, all universal evidences of that barbarism were based on pictures of only *"one hand"* cut off.

Suddenly, in 2011, Sammy Baloji[47] exhumed from the archives of the Tervuren Museum a 1899 photo of a person with "two hands" amputated in Pweto, on the shores of Lake Moero, where there had been no ivory or rubber trade! It is strange that this image hasn't been used to feed the centenary and sensitive matter of the first ever named "crime against humanity".

In fact, even now, Muslim countries still cut off hands, according to the sharia law. Previously, 2,000 years ago, Aulus Hirtius wrote that his friend Julius Caesar got pacification problems into the Gaul he had conquered. After a particularly violent insurgency in Uxellodunum, Caesar ordered to cut off the hands of prisoners and to have them exhibited through the land, for detering other Gauls and to preserve the *Pax Romana*.

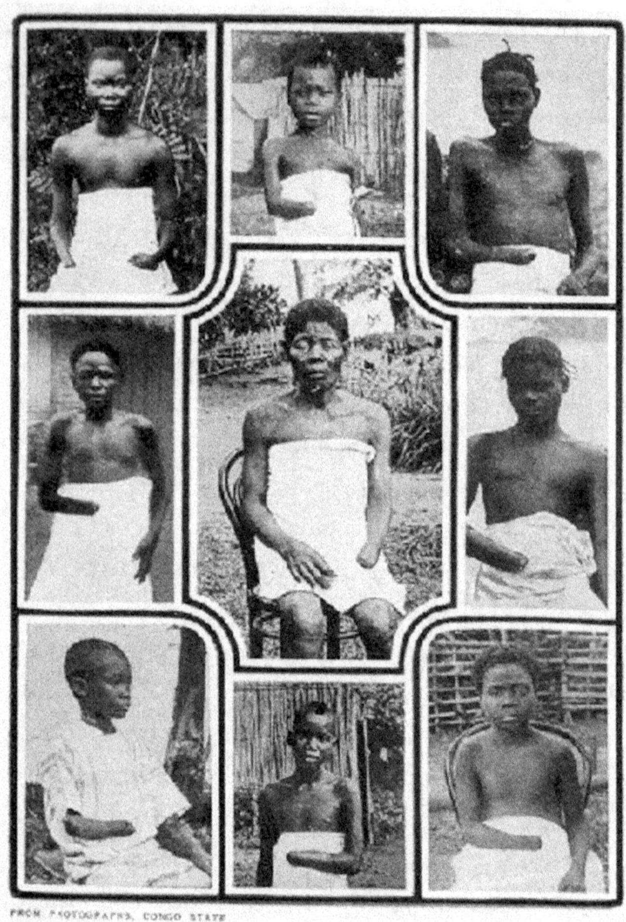

Ce sont les amputés d'« une seule main » qui avaient fait le scandale de crimes contre l'humanité...
[E] famous pictures, but of only one hand cut off

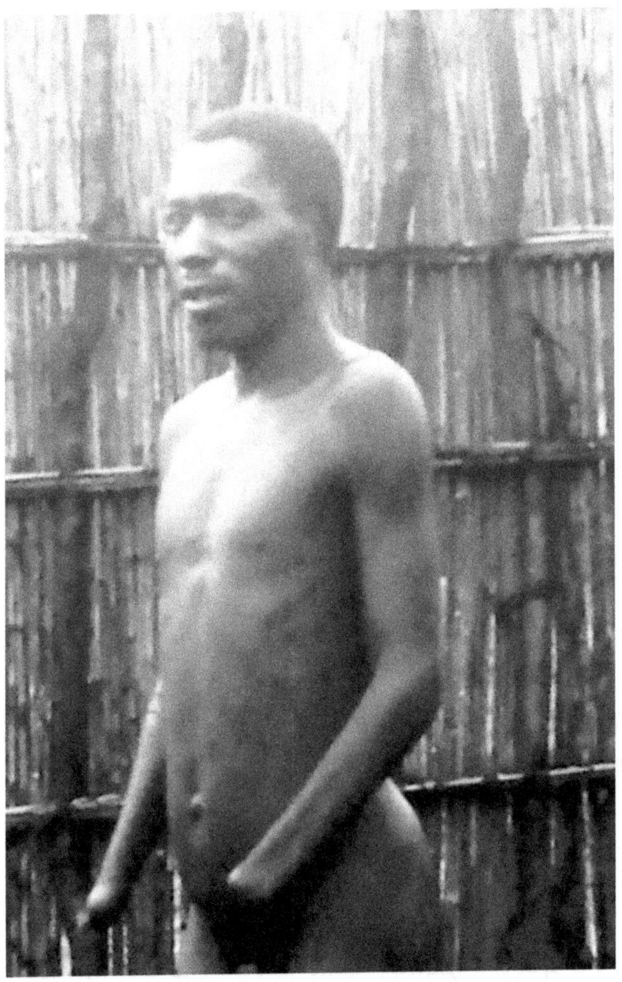

… mais cette photo de 1899 d'un amputé « des deux mains »
n'avait jamais été publiée ni exploitée !
La photo avait été prise à Pweto (Katanga)
où il n'y avait ni caoutchouc ni ivoire…
[E]Never shown these two hands cut off …
outside ivory and rubber area

Un holocauste au *pifomètre*

Les contradictions sur les mains coupées sont dues au fait que le Congo a toujours été un vaste pays. Tout n'a jamais été identique partout. À commencer par le Bas-Congo où était basé Casement, le consul britannique qui avait fait un rapport sur les mains coupées. La région était dépourvue d'éléphants et d'arbres à caoutchouc et ne fournissait ni ivoire ni gomme ayant pu expliquer les mains coupées. Mais, pour l'époque, le Bas-Congo représentait tout le pays, et la région avait fourni les données des recensements de la population, sur la base de la densité de la région. En 1880, le dossier du futur Congo avait vanté que le territoire était peuplé de 25 millions d'habitants. Mais c'était totalement faux.

D'une part, on avait recensé quelques villages du Bas-Congo et on en avait reporté la densité sur la superficie totale d'un territoire qui n'avait jamais existé, puisque les délimitations exactes n'ont été connues que quatorze ans plus tard, en 1894.

D'autre part, il s'avérera que la densité n'est pas identique partout, et que 75 % de la population vit sur 1/3 du pays. En 1914, on préleva un nouvel échantillonnage de la population au Bakongo, pourtant étranger au scandale des mains coupées, et on estima que le Congo était peuplé de 15 millions d'habitants[48]. C'est ainsi qu'Adam Hochschild a fait sensation avec *Les fantômes du roi Léopold : un holocauste oublié* parce que la différence entre 1880 et 1914 était de 10 millions, aussitôt qualifiés de disparus, et de victimes d'un génocide ![49]

An holocaust by guesswork

A crime against humanity, such as the hands cut off is atrocious by itself without the need of exaggeration. The characteristic of the Congo is that it is a very very big country. Everything has never been the same everywhere.

Casement, the British consul, who had reported on the hands cut off was based in the Lower Congo. There, there was no elephant nor rubber tree, nor hands cut off! But, this entrance gate of the country was the best known area. It was considered as the sample of the whole inland; its village's density provided data for population censuses. In 1880, Leopold II's ambition to be granted with the largest possible territory was magnified with the figure that Congo was inhabited by 25 million people. That was totally wrong.

The density of few villages from Lower Congo was applied to a huge Congo extended to the North and to the East toward the Indian Ocean. Such Congo had never existed! The precise boundaries of the country were fixed only fourteen years later, in 1894. Moreover, the density is not the same everywhere; 75% of the population lives on one third of the territory. In 1914, a new sampling of the population in the Lower Congo, an area never affected by the hands cut off, provided data for a reduced Congo and, at that time, populated by only 15 million habitants[48].

Thus Adam Hochschild wrote *King Leopold's Ghost: A Story of Greed, Terror, and Heroism in Colonial Africa.* As the difference between 1880 and 1914 was of 10 million people, those missing on the basis of the guessed censuses became the victims of a genocide![49]

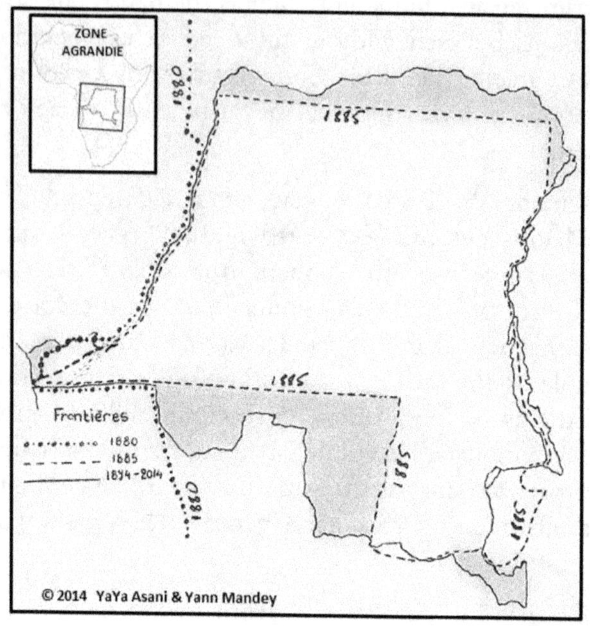

Les statistiques démographiques, établies avec des outils aléatoires, ne portaient pas sur le même territoire.

Les frontières actuelles de la RDC ont été fixées en 1894.

Auparavant, celles de 1880 délimitaient l'Ouest et suggéraient une zone plus large et profonde à l'Est.

Celles de 1885 donnaient un territoire plus petit.

[E] Censuses refer to various territories

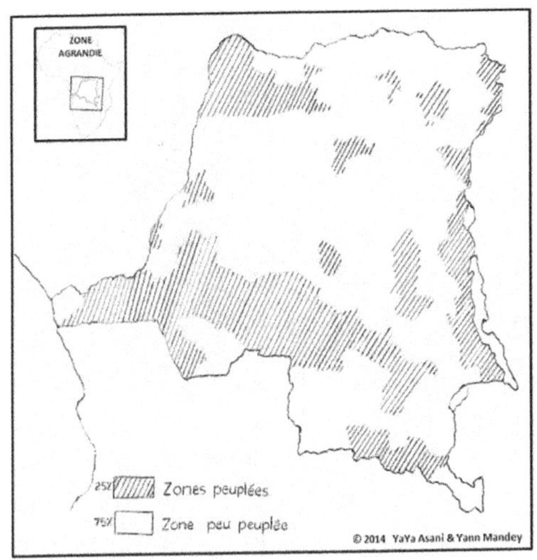

Les statistiques démographiques
se basaient sur une densité uniforme des populations.
La densité de la population n'a jamais été identique partout.
75 % de Congolais vivent dans un tiers du pays.

[E] Population density. Areas of denounced criminal exploitation

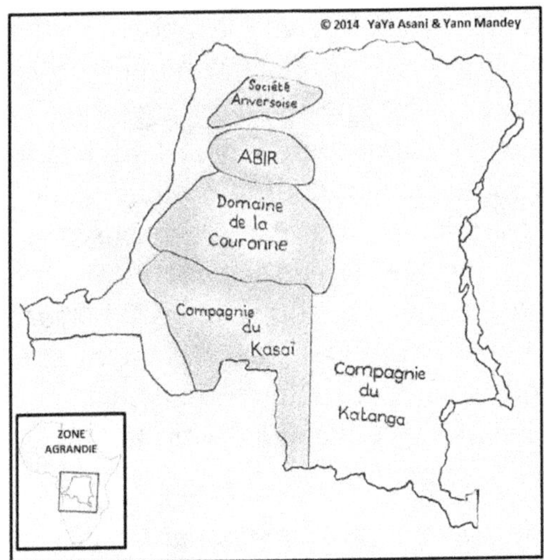

Les crimes contre l'humanité ont été cités dans 4 compagnies,
(essentiellement l'ABIR), opérant au Nord-Ouest du territoire.

La barbarie était universelle

Les *mains coupées* sont survenues à une époque de barbarie universelle, illustrée par la boucherie de la Première Guerre mondiale qui avait fait 18 millions de morts, pour moitié en soldats[50]. Sans parler des conditions de travail, même des enfants, et dignes d'esclavage. Et partout au monde…

Les Indiens d'Amérique avaient été massacrés et « éradiqués » par les « visages pâles », les Blancs. Après le Congo, Roger Casement avait trouvé au Pérou une exploitation du caoutchouc tout aussi barbare. Pire, Casement était nationaliste dans une Irlande colonisée, et les Britanniques l'avaient pendu. Les Allemands avaient massacré des centaines de milliers de Tanzaniens et commis le génocide de 70.000 Héréro en Namibie[51]. En Afrique du Sud, et avant le racisme des Blancs envers les Noirs, les Britanniques avaient inventé les premiers camps de concentration et y avaient fait mourir de faim des dizaines de milliers de femmes et d'enfants blancs. Les Français massacreront plus tard 89.000 Malgaches. Et au Congo, dont la capitale garde le nom de Brazzaville, la France a été accusée de crime contre l'humanité et d'esclavage pour le recrutement forcé des ouvriers du chemin de fer sur Pointe-Noire. Et au temps des mains coupées sur l'autre rive, deux administrateurs coloniaux français avaient fêté le 14 juillet 1903 « en faisant sauter un nègre à la dynamite »[52] !

Bref, des *sauvages* prétendaient apporter la civilisation aux Africains… Voilà qu'on parle des Chinois ! Quelle histoire !

Barbarism was universal

The hands cut off occurred at a time of universal barbarism, as highlighted by the slaughter of the First World War, which caused 18 million deaths, half of which were soldiers[50]. Not to mention the working conditions, young kids labour or slavery. That happened everywhere in the world...

The American Indians were massacred and "eradicated" by the "pale faces": the whites. After Congo, Roger Casement found in Peru a similar and barbaric exploitation of rubber. Worse, Casement was a nationalist from the then colonized Ireland, and the British hung him!

The Germans had massacred hundreds of thousands of Tanzanians and committed genocide of 70,000 Herero in Namibia[51]. In South Africa, long before the "apartheid" racism against the Blacks, the British built the first ever concentration camps into which they starved tens of thousands of white women and white children to death. The French had massacred 89,000 Madagascans. In the other Congo, whose capital still keeps the name of Brazza, France has been accused of crimes against humanity and slavery for forced recruiting of laborers on the railroad to Pointe Noire. And, at the time of the hands cut off, on the opposite bank of the Congo River, two French colonial agents had celebrated the 1903 Bastille Day "by blowing up a black man with dynamite"![52]

So, some of those who claimed to bring civilization to the Africans were true barbarians...

Now, the Chinese are also coming in ...!

What a story!

Crédits des images

Nb. Le plus grand soin a été pris pour vérifier et identifier les titulaires des droits aux images et obtenir ou indiquer le copyright lorsque cela était requis ou possible. Les résultats incomplets sont mentionnés TDR (tous droits réservés)

[E] Copyrights on pictures and images have been verified and complied or preserved as «all rights reserved »(TDR)

© TOUTES LES CARTES (exceptées sur les pages 29 et 43) Yann Mandey, dessinateur : yannxmandey@hotmail.com.
[E] © ALL MAPS (but pages 29 and 43) drawn by Yann Mandey yannxmandey@hotmail.com.

* * *

P.10-11 © NASA sont les archives sont libres de reproduction. Il en est de même pour les timbres de la Poste congolaise.

P. 14 Générique de la télévision publique. Saisie d'écran du film « Mobutu Roi du Zaïre » de Thierry Michel (1999). TDR

P. 15a Cette photo *insolente* a dû être censurée. Malgré des recherches, son auteur est inconnu. Mais on trouve des images du même jour avec un Mobutu décoiffé aux côtés de De Gaulle ou de Mobutu avec le même chapeau mais s' entretenant avec les journalistes. TDR

P. 15b Mobutu à la tribune de l'ONU en 1973 © UN Photo/ Yutaka Nagata

P. 15c Vignettes du Concorde © collection Concordescopia www.concordescopa.com pour le voyage de Mobutu en Février 1989 aux funérailles de l'Empereur du Japon Showa.

P. 28 Baobab Stanley -TDR - Carte postale en vente sur ebay http ://www.ebay.fr/sch/Congo-/142375/i.html?_pgn=5&_skc=200&rt=nc

P. 29 Carte Da Ming TDR - ©Ryukoku University, Kyoto selon une copie remise au Président Sud-Africain Thabo Mbeki.au cours de sa visite au Japon. http ://www.passion-histoire.net/viewtopic.php?f=64&t=8159&start=15

P. 37a Timbre en vente TDR - saisie écran sur http ://www.hanmart.pl/fl/pokaz_szczegoly-14533.html

Notes

<hr>

[1] Le Concorde reliait Gbadolité dans la forêt. À bord, une carte de menu personnalisée, comme pour ce vol Gbadolite-Marseille du 30 septembre 1989 :

[E] The chartered Concorde landed in Gbadolite, in the dense equatorial forest. On board, a personalized menu card, like this one printed for the flight from Gbadolite to Marseille on 30 September, 1989:

© Menu Gbadolite-Marseille : collection www.concordescopa.com)
© Concorde au sol à Gbadolite sur //www.panoramio.com

[2] Message extrait de la page 15 sur les 38 pages du communiqué de la Nasa Nr 89-83
sur http ://history.nasa.gov/ap11-35ann/goodwill/Apollo_11_material.pdf.

[3] Sur le blog de l'auteur *La lune : quand Mobutu était congolais* http ://congoreading.over-blog.com/article-34661112.html

[4] En novembre 1969, le président américain Nixon a fait fabriquer et offrir 250 présentoirs d'échantillons lunaires avec le drapeau de 135 pays, dont la RDCongo, et la : « ce drapeau de votre nation a effectué un aller-retour sur la lune et ce fragment de la surface lunaire a été amené sur terre par le premier équipage qui s'est posé sur la lune ». Mais en 2009, il s'avéra que le caillou que les astronautes avaient offert à la Hollande en 1969 était faux ; c'était du bois pétrifié...

[E] In November 1969, the American president Nixon ordered 250 samples of moon rocks to be given to 135 countries, including the DR Congo, together with their flag and a plate stating

Notes

---

that: "this flag made the round tour of the moon and this piece of moon rock was brought back to Earth by the first crew that landed on the moon". But in 2009 it was proven that the piece of moon rock the astronauts had given to Holland in 1969 was false; it was just a petrified wood…

[5] Titre du livre autobiographique de Cassius Clay devenu Mohammad Ali : *Le plus grand* - Gallimard – 1976.
[E] The title of the autobiography of Cassius Clay, renamed by himself as Muhammad Ali: *The Greatest: Muhammad Ali*

[6] La Genèse 25-29 in *La Bible de Jérusalem* Ed du Cerf.
[E] Genesis 25-29 *The Bible of Jerusalem.*

[7] Taille ou "corps" des caractères imprimés :

[E] The sizes of the printed characters: "14" for new official documents but usually for kids and seniors; "9" for the Bible.

CORPS 14 *(Nb textes officiels, enfants, vieillards)*
Corps 9   *(Nb. textes bibliques)*

---

[8] *Comment j'ai retrouvé Livingstone* - H.M. Stanley – Fayard.
[E] *How I found Livingstone* – H.M. Stanley – Classics of World Literature

[9] En juillet 2015, François Hollande a reconnu le *génocide* de dizaines de milliers d'indépendantistes camerounais Bamileke dans les années 50 et 60 imputé à l'armée française et à l'armée camerounaise encadrée par des officiers français.

[E] In July 2015, François Hollande recognized the genocide in the 50's and the 60's of tens of thousands of independence seekers from the Bamileke Cameroonians; these deaths were attributed to the French army and to the Cameroonian army directed by French officers.

[10] Titre du livre *À la courbe du fleuve* de V.S. Naipaul, Nobel de littérature – Albin Michel.

[E] *At the Bend of the river by* V.S. Naipaul, Nobel Prize winner.

[11] *Comment j'ai retrouvé Livingstone* - H.M. Stanley – op. cit.

Notes

[E] *How I found Livingstone* – H.M. Stanley – op.cit

[12] Aussi dit *"terra incognita"* pour des espaces inexplorés.

[E] Also named *"terra incognita"* as an unexplored land.

[13] L'immense carte *Da Ming Hun Yi Tu* (traduction : *amalgame du grand empire Ming*) est conservée à Ryukoku University, à Kyoto (Japon). Elle a été divulguée pour la première fois au public par une copie grandeur nature qui avait été remise au président Thabo Mbeki lors de son voyage au Japon, et fut autorisée à être exposée en 2002 à Capetown en R.S.A.

[E] The huge map Da Ming Hun Yi Tu (which means *the amalgam of the great Empire Ming)* is stored at the Ryukoku University, in Kyoto (Japan). It was disclosed to the public for the first time through a copy that was handed to President Thabo Mbeki during his trip to Japan, and allowed to be exhibited in Cape Town in 2002.

[14] Il est faux de penser que le Congo serait exposé à une « guerre de l'eau ». Mais il y a une guerre intérieure pour l'environnement et la protection des rivières de la pollution.

[E] It is erroneous to believe that Congo is threatened with any "war for water". But there is an ongoing and internal war for the environment and the protection of the waters against pollution.

[15] *Condition of Affairs on the Congo* p. 463 - Stanley 1882. Fac-similé *Le Rail au Congo Belge T.I.* Blanchart & Cie 1993.

[16] Cette évaluation a été chiffrée. *Pour ouvrir le pays, transporter hommes et biens, alimenter le commerce, l'homme apparut comme le seul animal de transport disponible : ce fut le "portage". Mais c'était une solution qui n'en était pas une. Vers 1880, sur la "route des caravanes" » de (Kinshasa) à Matadi, la première brèche ouverte dans le mur d'isolement de l'Afrique Centrale, le prix du transport était évalué à 2.000 francs-or. La charge normale ne dépassait pas 25 kg, et l'étape journalière, 25 km. Sur les 400 km du parcours, le transport d'une seule tonne représentait environ 640 journées de portage ...*

Notes

... Étant donné la faible densité de la population, on pouvait raisonnablement affirmer que la capacité d'exportation de l'immense Congo ne pourrait jamais dépasser 2.000 tonnes par an... In *L'évolution des voies de communication et des moyens de transport en Afrique Centrale* Jacques Weulersse Annales de Géographie 1931 Vol 227 p. 545.

[E] This vision has been evaluated. *"In order to open the country, to transport humans and other products, to feed the commerce; humans appeared to be the only mode of transportation possible: this was the "porterage". But this wasn't a long term solution. By 1880, on the "caravans footpath" that linked Kinshasa to Matadi, the first breach in the wall of the isolated Central Africa, transport costed 2,000 gold francs... Standard load didn't exceed 25kg for a daily distance of 25km. On the distance of 400 km, one ton transported was equivalent to 640 days with carriers...*
...Given the low population density, the reasonable export capacity of the vast Congo would never exceed 2,000 tons per year...". Excerpts from *The Evolution of communication routes and means of transport in Central Africa*, J. Weulersse, Records of Geography 1931 Vol 227 p. 545.

[17] *Géant d'Afrique, géant d'Asie* – Yabili - L' Harmattan 2012.

[18] *La mangeuse de cuivre* - Fernand Lekime- D.Hatier 1992.

[19] *Géant d'Afrique, géant d'Asie.* Op cit,
L'Arbre blessé Han Suyin – Stock.

[20] *L'origine du mot Zaïre* Abbé Paul Nzinga N'ditu sur
http ://nenzinga.info/Monographies/Zaire.pdf

[21] Adnan Haddad est professeur émerite de l'Université de Lubumbashi.

[E] Adnan Haddad is a professor emeritus by the University of Lubumbashi.

[22] *" Conscience nationale et identités ethniques : Contribution à une culture de la paix"* - Léon de Saint Moulin 1993 in Congo-Afrique, n° 372, p. 93-128. *«... Cette étude démontre que le Congo n'était pas un émiettement de 450 tribus, mais qu'il n'en comprendrait que 250 seulement regroupées, d' après Malcolm Guthrie au sein de huit familles linguistiques. En*

Notes

outre ce travail distingue seulement 212 langues en RDC dont 34 non bantoues, oubanguiennes ou nilo-sahariennes » selon http ://www.mbokamosika.com/article-l-inventaire-des-ethnies- de-la-rdc-72662343.html

[E] *"Conscience nationale et identités ethniques: Contribution à une culture de la paix "* - Léon de Saint Moulin 1993 in Congo-Afrique, n° 372, p. 93-128. *"This study has proven that Congo was not a fragmentation of 450 tribes, but, according to Malcolm Guthrie, only 250, assembled in eight linguistic families. Furthermore, there are 212 languages in the DRC, including 34 no-Bantu, Ubangi and Nilo-Saharan speakings".* http ://www.mbokamosika.com/article-l-inventaire-des-ethnies- de-la-rdc-72662343.html

[23] *Au service du Katanga 1904-1908*, René Grauwet, l' Harmattan 2012.

[24] Son nom véritable était *Ngelengwa*. Il s'était surnommé *Mushidi* qui signifie « je suis la terre, toute la terre ». Ce surnom est devenu un nom européanisé en *Msiri*. Il avait effectué un premier voyage en 1856, mais il immigra en 1860, pour prendre le pouvoir en 1870.

[E] His real name was *Ngelengwa*. He was also named *Mushidi*, Europeanized into *Msiri* which means *'I am the Earth, the Entire Earth"*... He came first in 1856, before immigrating in 1860; he took power in 1870.

[25] Fernand Paulin Elie Gendarme a publié en 1942 trois tomes de *Croquis congolais* (Les Noirs, Les Blancs, Bêtes et Gens) dont il a dessiné les 232 illustrations. Des récits pittoresques de chasse, et de la vie sociale des Blancs et des Noirs.

[E] Fernand Paulin Elie Gendarme published in 1942 three books named *Croquis congolais* and intitled " Blacks, Whites, Beasts and People" illustrated with 232 drawings from himself. These were some stories of hunting and others of the social lives of whites and blacks.

[26] Confidences directes de Gendarme à Raoul Julien Monet qui les a rapportées à l'auteur.

Notes

[E] Gendarme's confidence to Raoul Julien Monet, who reported to the author.

27 *Les frontières du Congo Belge* page 72 – P. Jentgen – Mémoires - Institut royal colonial belge, 1952

28 Ces réaménagements frontaliers ont ressurgi après l'indépendance du Congo, en 1964, et de la Zambie, en 1964. En 1965, le journal *La Voix du Katanga* a parlé d'annexion…

[E] This planned border delimitation surfaced after the independence of Congo in 1960, and of Zambia in 1964. The newspaper La Voix du Katanga wrote in 1965 about an annexation of the Eastern Katanga to Zambia.

Autour de l'annexion du Katanga Oriental à la Zambie

Comme l'a très bien dit notre excellent confrère « Essor du Katanga » de ce jeudi matin, la vie politique à Elisabethville est très mouventée à tel point qu'on parle d'une éventuelle annexion du Katanga Oriental à la Zambie.

Selon certaines rumeurs, M. Kapwepwe, Ministre Zambien des Affaires Etrangères serait déjà contacté par certains hommes politiques locaux à ce sujet.

M. Godefroid Munongo, Ministre de l'Intérieur du Gouvernement Central chargé du maintien d'ordre dans l'étendue de toute la République est arrivé à Elisabethville mercredi après-midi en vue de se rendre personnellement compte des manœuvres de certains de ses adversaires contre le pouvoir central légalement établi.

Notons en passant que selon M. Munongo, dans un bref entretien qu'il a eu avec la presse locale, a tenu à confirmer sa décision de suspendre l'hebdomadaire Evillois « La Tribune Evilloise ».

La Cour d'Appel est déjà saisie de cette affaire a poursuivi le Ministre Munongo qui a enchaîné : « Il ne s'agit pas d'une atteinte à la liberté de presse, mais d'une mesure prise en accord avec le Parquet pour calomnie et diffamation à l'égard du Haut Commissaire de la République et Ministre de l'Intérieur de la République Démocratique du Congo. »

On se rappelle que dans son dernier numéro, notre consœur « La Tribune Evilloise » dans un article publié en page 3, disait qu'une autorité de Léopoldville aurait détourné la somme de 140.000.000 F destinée à la région de Stanleyville.

M. Munongo a également annoncé que plusieurs arrestations seront procédées dans les prochaines heures à l'endroit des auteurs de l'article de la « Tribune Evilloise ».

Signalons en passant que M. Cyprien Kayumba, Vice-Président de l'Association de la Presse Congolaise a protesté auprès du Ministre Munongo contre la suspension de « La Tribune Evilloise ».

Ce dernier qui a d'ailleurs très bien reçu le Vice-Président de l'A.P.C. a précisé à M. Kayumba qu'il ne s'agit pas d'une atteinte à la liberté de presse, mais d'une mesure prise conjointement avec le pouvoir judiciaire du pays.

M. Munongo a quitté Elisabethville ce jeudi à 11 heures à destination de Léopoldville via Mbuji-Mayi.

29 Un pont de 320 mètres a été construit, en Zambie, pour enjamber la rivière Luapula qu'on traversait sur des bacs.

[E] A 320 meters long bridge was built in Zambia on the River Luapula which used to be crossed only with ferries.

30 Ishango est en territoire de Beni (Nord-Kivu).
[E] Ishango is located in the district of Beni (North-Kivu).

31 *Fables de la Fontaine d'origine orientale* – Adnan Haddad – Sedes, Paris 1984.

32 « 50 ans av. J.-C., Jules César s'était apprêté à rejoindre ses troupes en Égypte, lorsqu'il fut tué par des comploteurs, dont son fils adoptif Brutus. *Tu quoque mi fili.* À l'époque, l'armée

Notes

romaine stationnait dans le Sud-Soudan du côté de Djuba, et à moins de 500 Km du fleuve Congo ! Elle se préparait à pénétrer davantage dans le Sud. Et si César n'était pas mort à ce moment précis, c'est sans doute le cours de l'histoire africaine qui aurait changé. » Extrait de *Géant d'Afrique, géant d'Asie*- M. Yabili – L'Harmattan- 2012.

[E] "50 years B.C, Julius Caesar was close to join his troops in Egypt when he was murdered by plotters and his adoptive son, Brutus. *Tu quoque fili mi*. At that time, the Roman army was parked in the South-Soudan next to Djuba, only 500 km away from the Congo River! They were prepared to conquer the South. And if Caesar had not died right then, without doubt, the whole African history would have been different." Excerpts from *Géant d'Afrique, géant d' Asie* - M. Yabili – L'Harmattan- 2012.

[33] D' après les recherches inédites rapportées à l'auteur par Sevy Sleas (nom de plume de Y.S.) – Bruxelles.
Mais Léon Verbeek (SDB) a pu relever des expéditions romaines à la recherche des sources du Nil en 21 av JC. Ceci couvre la période de Jules César. Mais celle de Néron en 66 ap JC est la plus popularisée grâce au roman historique *Rome à la conquête du Nil : L'expédition de Néron au coeur de l'Afrique* – Léon Arsenal - Ed Nouveau Monde – 2007.

[E] As reported to the author by the free researcher nick named Sevy Sleas, Brussels.
However Léon Verbeek (SDB) confirmed to the author that the Romans had sent expeditions in search for the mouth of the Nile River in 21 B.C. This makes credible Caesar's story. However Nero's expedition made in 66 A.D. is the most known and it has inspired the historical novel *Rome à la conquête du Nil: 14 expéditions de Néron au Coeur de l' Afrique* – Léon Arsenal - Ed Nouveau Monde – 2007.

[34] En écho à "*de bello gallico*", la conquête de la Gaule.

[E] As "*De Bello Gallico*", the famous story of the conquest of the Gaul.

35 César avait écrit « de tous les Gaulois, les *Belges* sont les plus braves... » Lors du retour des troupes congolaises victorieuses sur le Rwanda, un Arc de Triomphe (voir photo en page 61) proclamait « HONNEUR AUX BRAVES ».

[E] Caesar wrote "of all these, the *Belgae* are *the bravest*". On their return home Congolese victorious troops were welcomed with a Triumphal Arch (see the photo on page 65) stating "HONOR TO THE BRAVES".

36 *Mimi and Toutou Go Forth : The Bizarre Battle for Lake Tanganyika* - Giles Foden - Michael Joseph - 2004.

37 *La participation du Congo à la Première Guerre mondiale (1914-1918)* J-M Mutamba M. www.lepotentielonline.com 2013.

38 Ferdinand Foch, maréchal de France, de Grande-Bretagne et de Pologne (1851-1929) a très bien dit :
« *un homme sans mémoire est un homme sans vie,*
un peuple sans mémoire est un peuple sans avenir... »

[E] Ferdinand Foch, marshal of France, Great Britain and Poland has said accurately that *"a man without memory is a man without a life, a people without memory is a people without a future..."*

39 Un décret du 27 décembre 1892 avait organisé une nationalité congolaise pour « tous ceux qui sont nés sur le territoire de parents congolais ». À partir du 21 juin 1904, la nationalité fut reconnue à tout indigène congolais résidant sur le territoire de l'État. Ensuite vinrent des règles sur une nationalité ethnique remontant à 1885. Par la suite était congolais « à la date du 30 juin 1960, toute personne dont un des ascendants est ou a été membre d'une des tribus établies sur le territoire de la république dans les limites du 1e août 1885, telles que modifiées par les conventions subséquentes ».
Ensuite, la loi sur la nationalité de 2005 ainsi que la Constitution de 2006 définissent que la nationalité est acquise à « toute personne appartenant aux groupes ethniques dont les personnes et le territoire constituaient le Congo à l' indépendance ». Cette référence au *"territoire constituant le Congo en 1960"* est un "arrangement", car les frontières n'avaient jamais bougé depuis 1894. Mais ce simple changement de 1885 en 1960, a régularisé les populations immigrées depuis 75 ans.

[E] A decree of December 27th, 1892 ruled the Congolese nationality for "all born from Congolese parents". On the 21st of June 1904, the citizenship was granted to any native residing in the State's territory. After independence nationality originated from ethnicity within the 1885 boundaries, duly amended. Now, since 2005, Congolese citizenship requires " to have got a link with ethnic groups within the Congo's borders on June 30th, 1960"; but this reference to such a territory is inaccurate because the borders of 1960 had never been moved since 1894. But this simple change from 1885 to 1960 regularized those who immigrated since 75 years.

[40] On chiffre à plusieurs millions de morts le nombre de Congolais, victimes des conflits générés par le Rwanda. Statistiques démographiques à l'appui, International Rescue Committee (IRC) avait relevé une mortalité cumulée sur 6 années de 3,8 millions de victimes de guerre ! IRC a calculé, non pas les morts de violence de guerre, mais la mortalité qui excédait le taux habituel. Alors que l'Unicef avait retenu pour le Congo de 1997 un taux de mortalité de 1,3 ‰, l'IRC a trouvé un taux de 3,5 ‰ dans les régions de l'Est et de 2,0 ‰ dans l'Ouest, donnant un taux de mortalité nationale de 2,2 ‰. Soit pas loin du double de la normale, ou près de 2000 morts par jour, entre août 1998 et novembre 2002, et ensuite ramenés à 1000 victimes.

En 2008, l'étude *la surmortalité au Congo (RDC) durant les troubles de 1998-2004* (adrass@skynet.be)_de deux démographes belges, André Lambert et Louis Lohlé-Tart, s'est basée sur le recensement électoral de 2006 et l'espérance de vie de 42 ans au lieu de 60 ans, dans les provinces en paix a conclu que la surmortalité résultareait davantage de la déliquescence du régime Mobutu que de la guerre rwandaise qui n'aurait causé que 183.000 morts. Mais sans impact ; on continue à parler de millions de morts congolaises, imputées à Kigali.

[E] It is said that the toll of Congolese deaths rose to several millions, victims of the conflicts generated by Rwanda. Supported by demographic statistics, The International Rescue Commission (IRC) had counted 3,8 million victims in 6 years of war! IRC calculated not only the deaths caused by the war, but also the mortality which exceeded the usual rate. While UNICEF had calculated a rate of mortality of 1,3 ‰ for Congo in 1997, IRC found a rate of 3,5 ‰ in the Eastern regions and of 2,0 ‰ in the West, giving a national mortality rate of 2,2 ‰. This rate is not far from a double of the normal rate giving nearly 2,000 deaths per day between August 1998 and November 2002, before returning to 1,000 deaths.

In 2008, another study of the excess mortality in Congo (RDC) during the period from 1998-2004 realized by two Belgian demographers, André Lambert and Louis Lohlé-Tart (adrass@skynet.be) , was based on the electoral census of 2006 and the life expectancy of 42 years instead of 60 years, in peaceful provinces. This study concluded that the excess mortality was caused more by the decline of the Mobutu's regime than by the war from Rwanda, which would have caused no more than 183,000 deaths. Nevertheless, it is universally admitted that millions of dead Congolese should be attributed to Kigali.

[41] *Raisonnement par l'absurde.* Ici, il invalide l'affirmation rwandaise en montrant qu'elle conduit à une contradiction.

[E] The validity of an argument is rejected by the absurdity of a position. The Rwandan claims lead to a contradiction.

[42] *Les frontières du Congo Belge* P. Jentgen – Mémoires - Institut royal colonial belge, 1952.

[43] *Carnet de route d'un voyageur congolais : Masala à l'exposition universelle d'Anvers, en 1885* – Zana Aziza Eyambala - Afrika Focus, Vol. 9/3, 1993 et Vol. 10/1-2, 1994.

[44] En 2014, des *zoos humains* ont refait surface pour dénoncer cette pratique coloniale. En Norvège, on a récréé le *Kongo-landsbyen* (le village congolais) qui avait été l'une des principales attractions de l'exposition universelle d'Oslo en 1914... mais avec 80 figurants Sénégalais! De son côté, le sud-africain Brett Bailey a monté le spectacle *Exhibit B* qui a été interdit en Angleterre, mais pas à Paris...

[E] In 2014, human zoos have resurfaced to condemn again this colonial abuse. In Norway, they recreated a *Kongo-landsbyen* (a Congolese village), which had been one of the main attractions at the Oslo World Exposition in 1914... although at that time it was performed by 80 Senegalese actors! The same year, South

African Brett Bailey displayed the *Exhibit B* which was banned in England, but not in Paris.

[45] Il y eut aussi Ota Benga exhibé dans une cage au zoo de New York, en 1906 et objet du livre *Le pygmée congolais exposé dans un zoo américain - Sur les traces d'Ota Benga -* Ngimbi Kalumvueziko- L'harmattan – 2011.

[E] Ota Benga was also exhibited in a cage at the New York zoo, in 1906. He was remembered with the book named *The Congolese pygmy exposed in a US zoo – On the footsteps of Ota Benga -* Ngimbi Kalumvueziko- L'Harmattan - 2011.

[46] Cet épisode, qui n'est pas propre au Congo, est fort exploité. Un documentaire a mimé le transfert au pays des 7 morts dans des boites de cigarillos en forme de cercueils réenterrés au cimetière de la Gombe à Kin. Aussi, deux articles récents :
- *1er novembre 2013 : Hommage aux Congolais morts pendant l'exposition universelle de 189* - Prince Djungu Tambwe
www.jambonews.net/actualites/20131104-1er-novembre-2013-hommage-aux-congolais-morts-pendant-lexposition-universelle-de-1897/
- *267 Congolais dans un zoo humain à Bruxelles en 1897 -* Francois Duja - https://afrochild.wordpress.com/2012/02/01/267-congolais-dans-un-zoo-humain-a-bruxelles-en-1897-by-francois-duja/

[E] This story which did not happen only in Congo, is highly exploited. A documentary movie mimed the transfer of 7 dead bodies in cigarillos boxes shaped as coffins to be buried again in the cemetery of Kinshasa. There are also, two recent articles:
- 1st of November, 2013: *Tribute to the Congolese that died during the Universal Exhibition of 1897* - Prince Djungu Tambwe
www.jambonews.net/actualites/20131104-1er-novembre-2013-hommage-aux-congolais-morts-pendant-lexposition-universelle-de-1897/
-*267 Congolese in a human zoo in Brussels in 1897* Francois Duja - https://afrochild.wordpress.com/2012/02/01/267-congolais-dans-un-zoo-humain-a-bruxelles-en-1897-by-francois-duja/

[47] *Congo Far West* - Sammy Baloji & Patrick Mudekereza – Silvana Editoriale et Africa Museum 2011.

[48] Même ce chiffre de 15 millions était inexact. Les recensements se font par statistiques démographiques. Les outils de 1914 étaient plus précis que ceux de 1880, mais non fiables. Pour preuve, on parle de 13,5 millions d'habitants en 1930 et

---

de 14,7 millions d'habitants en 1960. Ces chiffres induiraient une déperdition de 1,5 million entre 1914 et 1930 et une perte additionnelle de 0,3 million dans les 30 années qui ont suivi ! Pourtant personne ne parle de génocide ! Bien au contraire, la démographie avait accru notamment grâce à la médecine coloniale qui aurait fait dire à des experts de l'OMS qu' « à l'accession à l'indépendance, le Congo avait, sur le plan médical, 20 ans d'avance sur les autres pays africains...»

[E] But this 15 million toll was inaccurate. The censuses were made through demographic statistics with poor scientific tools in 1914 although better than those used in 1880. As evidence, nobody disputes that there have been 13,5 million inhabitants in 1930 and 14,7 million people in 1960. These two undisputed figures would induce that there should occur an additional loss of 1,5 million people between 1914 and 1930 and another loss of 0,3 million in the following 30 years! Although these censuses missing people, nobody talks about genocide! On the contrary, the population had increased noticeably with the tribute to the colonial medicine, as reported by experts from OMS: *before its independence, Congo had at least 20 years of medical advance compared to other African countries...*

49 Wikipedia énumère ces invraisemblances. « Les historiens ... s'autorisent à lancer des chiffres qui varient fortement : ainsi, le rapport du diplomate britannique Roger Casement en 1904 donne un chiffre de 3 millions de personnes, Forbath parle d'au moins 5 millions, Adam Hochschild, de 10 millions, Isidore Ndaywel È. Nziem, historien congolais, de 13 millions, l'Encyclopædia Britannica donne une perte de population de 8 à 30 millions. L'historien et anthropologue Jan Vansina, auteur de beaucoup de livres savants sur le Congo, estime que la perte de population entre 1880 et 1920 était de 50 %».
http://fr.Wikipedia.org/iki/Les_Fant%C3%B4mes_du_roi_ L%C3%A9opold
[E] Wikipedia lists these improbabilities. " Historians... allow themselves to throw figures very wildly: for example, the report of the British diplomat Roger Casement in 1904 gave a number of 3 million people, Adam Hochschild, 10 million, Isidore Ndaywel È. Nziem, a Congolese historian, 13 million, the Encyclopædia Britannica gave a population loss of 8 to 30 million. The historian and anthropologist Jan Vansina, author of many

scholar books about Congo, estimated the population loss between 1880 and 1920 was of 50%.
http://fr.Wikipedia.org/iki/Les_Fant%C3%B4mes_du_roi_ L%C3%A9opold

[50] Un crime contre l'humanité reste répugnant, et sans besoin de devoir être compté en millions de victimes. On ne précise pas que l'holocauste *oublié* a eu lieu sur un tiers du territoire congolais. Mais on affirme, sans sourciller, qu'il a fait autant de morts que de soldats tombés sur les champs de bataille de la Première Guerre mondiale, la plus meurtrière...

[E] A crime against humanity remains repugnant, without the need of high tolls with millions of lost lives. The *King Leopold's Ghost* occurred on one third of the Congolese territory. But it is sustained that it caused as many deaths as the number of soldiers fallen on the battlefields of the First World War, which was the deadliest...

[51] En juillet 2015, l'Allemage a qualifié de *crimes de guerre et de génocide* la guerre d'extermination de 80 % de Héréros et de 50 % de Namas de Namibie, en 1904 et 1905.

[E] In July 2015, Germany recognized *war crimes and genocide* in the fights that killed 80% of Hereros and 50% of Namas from Namibia, in 1904 and 1905.

[52] Stephen Smith *Sur le Fleuve Congo* - Le Monde 08/2002 et *Le Fleuve Congo* – Actes Sud – 2003. Cet incident justifia une descente sur le terrain de Pierre Savorgan de Brazza et dont le rapport vient d'être dévoilé après un siècle dans le livre : *Le rapport Brazza – Mission d'enquête au Congo, rapports et documents (1905-1907)*- Ed le passager clandestin – 2014

[E] Stephen Smith *On the Congo River* – Le Monde 08/2002 and *The Congo River* - Actes Sud - 2003. This incident justified a state investigation led by Pierre Savorgan de Brazza. His report has been unveiled after a century in the book: *The Brazza report - Fact-finding mission in Congo, reports and documents (1905-1907)* - Ed le Passage Clandestin- 2014